COZINHA RÁPIDA

30 minutos | 20 minutos | 10 minutos

COZINHA RÁPIDA

30 minutos | 20 minutos | 10 minutos

Pratos para a família

Receitas de Emma Lewis

PUBLIFOLHA

Título original: *Quickcook – Family meals*
Publicado originalmente no Reino Unido em 2012 pela Hamlyn,
uma divisão da Octopus Publishing Group Ltd. Endeavour House,
189 Shaftesbury Avenue Londres WC2H 8JY
www.octopusbooks.co.uk

COORDENAÇÃO DO PROJETO: PUBLIFOLHA
Editora-assistente: Vivian Rocha
Coordenação de produção gráfica: Mariana Metidieri
Produção gráfica: Rodrigo Andrade

Tradução: Sandra Pina
Consultoria: Diego Belda
Revisão: Débora Tamayose e Roseli Gonçalves

EDIÇÃO ORIGINAL: OCTOPUS
Editora executiva: Eleanor Maxfield
Editora sênior: Sybella Stephens
Editora de texto: Jo Richardson
Diretor de arte: Mark Kan
Design: www.gradedesign.com
Fotógrafo: Craig Robertson
Consultora: Emma Lewis
Produção culinária: Isabel De Cordova
Produção: Peter Hunt

Dados Internacionais de Catalogação na Publicação (CIP)
(Câmara Brasileira do Livro, SP, Brasil)

Lewis, Emma
Pratos para a família / receitas de Emma Lewis ; [tradução Sandra Pina]. – São Paulo : Publifolha, 2012. – (Coleção cozinha rápida)

Título original: Quickcook family meals.
ISBN 978-85-7914-406-6

1. Culinária 2. Receitas I. Título. II. Série.

12-10368 CDD-641.5

Índices para catálogo sistemático:
1. Receitas : Culinária : Economia doméstica 641.5

Este livro segue as regras do Acordo Ortográfico da Língua Portuguesa (1990), em vigor desde 1º de janeiro de 2009.

Impresso na Hung Hing, China.

PUBLIFOLHA
Divisão de Publicações do Grupo Folha
Al. Barão de Limeira, 401, 6º andar
CEP 01202-900, São Paulo, SP
Tel.: (11) 3224-2182/ 2187/ 2197
www.publifolha.com.br

Observações

Para servir pessoas com restrições alimentares, como alérgicos a oleaginosas, celíacos, gestantes, lactantes, convalescentes, idosos, bebês e crianças pequenas, deve-se atentar aos ingredientes indicados nas receitas.

O Ministério da Saúde adverte que ovos não devem ser consumidos crus.

Colheres de medida padrão são usadas em todas as receitas:

1 colher (sopa) = 15 ml
1 colher (chá) = 5 ml

Fornos devem ser preaquecidos até a temperatura especificada. Se estiver usando um forno com ventilação, siga as instruções do fabricante para ajuste de tempo e temperatura. Ovos devem ser médios, a não ser quando indicado.

Sumário

Introdução

30 20 10 – Rápido, Mais Rápido, Muito Rápido

Este livro traz uma abordagem nova e flexível para cozinheiros atarefados planejarem as refeições, o que permite a escolha da receita mais adequada à sua disponibilidade de tempo. Aqui você encontra 360 pratos que inspiram e motivam a cozinhar todos os dias do ano. O tempo de preparo de todas as receitas é de, no máximo, 30 minutos. Algumas podem ser feitas em 20 minutos, e outras levam apenas 10 minutos, muitas delas aproveitando ingredientes que já estão prontos. Com algum planejamento, você pode tentar uma nova opção a cada dia e, aos poucos, montar um amplo repertório culinário.

Como usar este livro?

No início de cada capítulo, há uma lista de receitas separadas por tempo de preparo. Escolha um prato de acordo com o tempo que você tem disponível e vá direto para a receita certa.

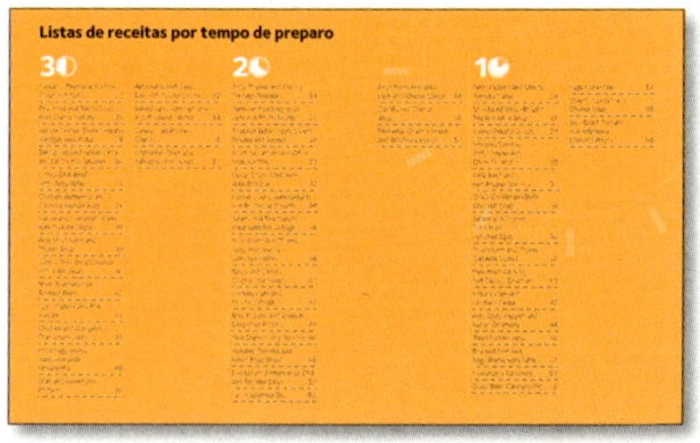

Cada página traz, no topo, a receita principal, acompanhada da foto na página ao lado. Abaixo, há sempre duas opções de receitas que trazem uma base similar de ingredientes, mas oferecem diferentes tempos de preparo.

Se você gostou da versão de 30 minutos da Paella de frango e camarão, mas dispõe de apenas 10 minutos, pode preparar o Pilaf de frango e camarão.

Se você adora os ingredientes e sabores da Salada de manga e espinafre com frango ao amendoim de 10 minutos, por que não tentar, em outra ocasião, preparar algo mais substancial, como os Espetos de frango e manga de 20 minutos, ou uma versão ainda mais elaborada, como o Frango salteado com manga e molho de amendoim?

Quando quiser inspiração, passeie pelas 360 receitas deliciosas e encontre algo que salte aos olhos.

Outra alternativa é consultar a galeria de fotos nas páginas 12 a 19 para ter uma visão panorâmica por temas, tais como Para aquecer no inverno ou Ocasiões especiais.

Cozinha Rápida
Pratos para a família

A rotina da sociedade moderna toma boa parte do tempo familiar. Os pais trabalham, as crianças têm cada vez mais atividades extracurriculares, e, em geral, a vida se torna um turbilhão de tarefas. Sendo assim, não surpreende que aquelas comidas prontas de supermercado tenham adquirido tanta popularidade na última década. Quantas vezes ao chegar em casa após um dia cansativo de trabalho, sem a menor inspiração sobre o que preparar para alimentar a família, a solução mais fácil se torna colocar uma refeição semipronta no micro-ondas ou ligar para algum delivery, mais caro e cheio de gorduras? A ideia deste livro é mostrar que você realmente pode fazer um jantar delicioso e agradável com poucos ingredientes, de maneira rápida e fácil.

O conceito de "faça você mesmo" também vale para a cozinha. Se você se planejar, dificilmente terá complicações! Seja você um cozinheiro experiente, seja um novato: se não pensar por um instante, antes de sair para o trabalho, na refeição que servirá para a família à noite, no fim do dia vai gastar um tempo desnecessário descongelando comida ou passando em alguma loja para comprar os ingredientes que faltam. Por mais óbvio que pareça, reserve alguns minutos da manhã no planejamento, tire o peixe ou a carne do freezer e faça uma pequena lista de compras, para ter tudo de que precisa para o jantar.

A arte da multitarefa

Os melhores chefs do mundo são aqueles que conseguem cozinhar diversos pratos ao mesmo tempo, mantendo a calma e o controle. Você não precisa dominar essa habilidade de cozinhar tantas coisas de uma vez, mas é importante aprender a incrível arte da multitarefa na cozinha. O Tender ao molho de damasco com batatas na páprica da página 92, por exemplo, demanda que você coloque as batatas no fogo no início, e, enquanto elas cozinham, comece a preparar os outros ingredientes. Enquanto está fazendo o molho, você deve voltar para finalizar as batatas. Assim, a refeição inteira fica pronta ao mesmo tempo. Sem o mínimo de malabarismo entre o fogão e o forno, fica mais difícil preparar uma refeição em 30 minutos ou menos, mas, seguindo os passos das receitas na ordem em que se apresentam, você se surpreenderá ao ver como um jantar pode ser preparado com facilidade e rapidez.

As ferramentas certas para o trabalho

Com os ingredientes certos na despensa, a arte da multitarefa dominada e a motivação em alta, só falta ter as ferramentas à mão. Não subestime a importância vital dos utensílios para ajudá-lo a tornar o processo de cozinhar não só mais fácil como também mais agradável. A primeira e mais importante peça é uma frigideira grande e pesada. Sem uma dessas, a execução de muitas receitas será complicada. Uma base robusta dá à sua panela uma temperatura mais uniforme e ainda pode evitar que os alimentos queimem.

Também é importante ter a faca certa. Uma faca bem afiada trabalha de quatro a cinco vezes mais rápido que uma cega. Da mesma forma, um bom abridor de latas economizará alguns minutos e evitará o estresse na cozinha. Um ralador confortável de manusear, afiado e com diversas opções de corte, será um grande aliado, e não um entrave.

É recomendável, por fim, ter um processador de qualidade, pois bater pastas e sopas e picar frutas e nozes com agilidade será tão fácil que você vai se perguntar por que não comprou um há mais tempo!

Ingredientes fáceis

Existe uma grande diversidade de ingredientes que nos auxiliam em jantares rápidos, saudáveis e deliciosos.

Para começar, ovos são uma escolha inteligente para um cozinheiro ocupado, uma vez que são extremamente versáteis e demoram poucos minutos para cozinhar. O segredo está na escolha: ovos orgânicos ou vindos de fazendas tendem a ter sabor mais intenso e cor mais viva, e combiná-los com outros ingredientes lhes dará um novo sentido. Veja a Fritada de linguiça, pimentão e tomate-cereja na página 24, ou a Torta de panela de bacon, cebola e ovos na página 90 e descubra novas combinações.

O macarrão é outro alimento superfácil e muito rápido de preparar, podendo ser adicionado a sopas ou salteado depois de cozido por apenas 3 ou 4 minutos. Como com os ovos, o segredo é adicionar bastante "sabor fácil". Leite de coco e coentro fresco são ótimos em sopas tailandesas; alho, pimentas, gengibre, especiarias chinesas e molho de soja são obrigatórios para salteados e refogados de sucesso. Quando o tempo é realmente curto, por que não ter alguns molhos prontos em sua despensa? Pode parecer enganação, mas certamente uma sopa ou um salteado preparado na hora com legumes, macarrão e proteína, com um molho pronto, é melhor para sua família que uma refeição congelada ou de um delivery cheio de calorias e gorduras.

Ao comprar carne, como filé ou cordeiro, saiba que o corte mais barato, normalmente a carne mais dura, demanda mais tempo de cozimento. Escolha bifes de vaca ou costeletas de cordeiro, peitos de frango ou coxas sem osso e, quando comprar carne de porco, escolha os cortes mais finos, com pouca ou nenhuma gordura. Corte bem fina toda carne que for usar para que cozinhe mais rápida e facilmente, sem ficar dura.

Quando possível, é sempre aconselhável alimentar sua família com grãos integrais no lugar dos favoritos carboidratos. Entretanto, tenha em mente que arroz integral pode levar mais de 30 minutos para cozinhar, e massa integral sempre demanda um pouco mais de tempo para ficar pronta que a massa branca. Prefira versões de cozimento rápido de grãos integrais sempre que possível e, para acelerar o processo de cozimento da massa e do arroz, ferva a água na chaleira. Não tente esquentar água fria na panela: você acrescentará uns bons 5 minutos ao tempo total de preparo.

Finalmente, não tenha medo da seção de legumes em conserva do supermercado e mantenha alcachofras, azeitonas, tomates, pimentas e outros legumes interessantes em estoque. Adicioná-los à massa, ao arroz ou a saladas é uma maneira fácil e garantida de acrescentar sabor e cor a seu jantar em família.

Sabor fácil

Muitos ensopados, grelhados e assados assimilam e desenvolvem o sabor por meio de longos períodos de cozimento, mas, depois de um dia cansativo, você não tem 2 ou 3 horas para preparar o jantar. Entretanto, para criar a mesma intensidade de sabores no preparo de uma refeição em um quarto do tempo, você precisa usar o "sabor fácil". Isso quer dizer ingredientes que conferem um sabor intenso e quase instantâneo. Assim, mantenha em estoque pasta de alho (normalmente encontrada perto do purê de tomate, no supermercado), gengibre ralado e capim-limão; uma boa seleção de ervas e temperos desidratados; molho de soja, leite de coco, diferentes tipos de mostarda, tabasco e cubos congelados de suco de limão. Também é uma boa ideia manter na geladeira alguns embutidos, como linguiça ou presunto cru; além de queijos, cebolas, alho e todos os seus legumes prediletos.

Para aquecer no inverno

Receitas bem-vindas para os dias frios.

Sopa de ervilha, hortelã e bacon com creme de leite fresco 26

Sopa de cogumelo e tomilho com torradas de queijo de cabra 38

Sopa de couve-flor com queijo 56

Frango com raízes ao mel 78

Linguiça com maçãs e cebolas ao forno 86

Almôndegas de peru com molho de tomate e ervas 114

Estrogonofe de cogumelos 194

Ensopado de tomate, alecrim e feijão-branco 200

Penne com abóbora e pesto na panela 204

Crème brûlée de arroz e framboesas 240

Peras e chocolate ao forno 238

Pudins de micro-ondas com mel 264

Pratos para todas as ocasiões

Refeições saborosas com frutas e legumes.

Dip de berinjela e alho com pão pita torrado 52

Salada de manga e espinafre com frango ao amendoim 72

Cordeiro e legumes assados com grão-de-bico 112

Curry vegetariano tailandês 182

Espetinhos de legumes com pilaf de amêndoas 192

Risoto de queijo de cabra e espinafre 198

Tagine de grão-de-bico e frutas com cuscuz marroquino 208

Biryani de legumes e castanhas 212

Gratinado de abóbora, tomate e cebola roxa 222

Compota de ameixas com sorvete 244

Tarteletes de ruibarbo e gengibre 258

Bolo de limão grelhado com compota de frutas vermelhas 262

Delícias de fim de semana

Receitas para presentear você e sua família.

Picadinho de salame e milho com ovo poché 36

Sanduíche de muçarela no pão frito 48

Bolinhos apimentados de milho com molho de tomate 50

Ovos à florentina 54

Carne com crosta de mostarda com batatas crocantes 74

Tender ao molho de damasco com batatas na páprica 92

Hadoque defumado com purê e ovos pochés 170

Hambúrgueres de feijão com vinagrete 184

Dahl de coco com tiras crocantes de naan 224

Camadas de chocolate e framboesas 234

Cheesecakes com compota de framboesas e mirtilos 236

Musse de chocolate com sorvete de pistache 250

Refeições saudáveis para o dia a dia

Muito sabor e baixa caloria em pratos para todos os gostos.

Sopa tailandesa de frango 46

Frango grelhado com guacamole e cuscuz marroquino 64

Lombo agridoce com abacaxi 66

Espetos de carne asiáticos com molho satay 110

Frango ao curry vermelho 124

Vieiras cremosas com alho-poró 144

Camarões e brócolis salteados 154

Tomates-cereja e bacalhau salteados com bacon 172

Espetos picantes de salmão em cama de arroz 174

Salada de omelete com manjericão, feta e tomate-cereja 188

Ensopado de lentilhas com pão de alho e ervas 226

Crumble de maçã e amoras 254

Favoritos das crianças

Os mais queridos pelos pequenos.

Fusilli cremoso de presunto e mostarda 42

Minipizzas de alcachofra, azeitonas e queijo taleggio 58

Guisado de linguiça, alecrim e feijões 70

Hambúrguer de cogumelos e queijo com molho de pepino 98

Iscas de bacalhau fresco com maionese de limão e alcaparras 136

Penne gratinado com atum, abóbora e ervilhas 142

Bacalhau de panela com batatas, maionese de limão e dill 160

Bolinhos de atum com queijo e milho 164

Fusilli com molho aromático de legumes assados 186

Camadas banoffee 252

Pudim supercremoso de chocolate 266

Bananas carameladas 276

Direto da panela

Tente algo novo com esses maravilhosos pratos únicos.

Ocasiões especiais

Para quando a família merece algo especial.

Sobrecoxa de frango com creme de limão-siciliano 88

Peito de frango ao estilo coq au vin 94

Pato salteado com vagem e arroz de laranja 102

Filés de cordeiro com cogumelos e molho de espinafre 104

Escalope de porco com prosciutto 116

Lagosta ao pesto embrulhada em presunto cru 138

Robalo cremoso gratinado 150

Risoto de azeitonas pretas e tomate com bacalhau 176

Torta filo de espinafre, pinholes e feta 210

Creme de chocolate branco com framboesas 242

Torta de pera com caramelo 268

Tiramisù rápido com morangos 278

Sabor de verão

Receitas refrescantes para os dias quentes.

Lula cítrica crocante com molho de pimenta 40

Fritada de brie, pimentão e espinafre 44

Hambúrguer de frango e estragão 68

Jambalaia de frango e linguiça com pimentões 76

Frango cajun com quinoa e damasco 100

Linguado em crosta de parmesão com molho de tomate e abacate 130

Salmão jamaicano com milho e quiabo 156

Espaguete ao alho, tomate e frutos do mar 162

Haloumi grelhado com salada morna de cuscuz marroquino 202

Damasco com creme de limão e amaretti 246

Abacaxi caramelizado com rum e passas 256

Pavê de scone com morangos e creme 270

Lanches, entradas e comidinhas

Listas de receitas por tempo de preparo

30

20

10

20 Fritada de feta, pimentão e tomate-cereja

4 porções

3 colheres (sopa) de azeite
1 pimentão vermelho sem sementes cortado em pedaços
1 cebola roxa picada grosseiramente
175 g de tomates-cereja cortados ao meio
6 ovos
200 g de feta escorrido e amassado
um punhado de folhas de rúcula
sal e pimenta-do-reino moída na hora

- Aqueça 2 colheres (sopa) de azeite numa frigideira antiaderente de 23 cm com cabo refratário e refogue o pimentão e a cebola em fogo médio, mexendo de vez em quando, por 5 minutos, até ficarem macios. Adicione os tomates e refogue, mexendo por mais 2 minutos.
- Bata os ovos, tempere com sal e pimenta a gosto e espalhe por cima da mistura que está na frigideira. Cubra com o feta e cozinhe em fogo brando por 4-5 minutos, até que a base da fritada fique firme.
- Leve a frigideira ao forno preaquecido em temperatura média e deixe gratinar por 3-4 minutos, até dourar. Retire do forno, salpique as folhas de rúcula e tempere com um punhado de pimenta. Regue com o restante do azeite e sirva em fatias.

10 Salada de feta, pimentão e tomate-cereja Numa tigela, misture 1 pimentão vermelho sem sementes cortado em pedaços, 1 cebola roxa picada, 175 g de tomates-cereja cortados ao meio, 200 g de feta amassado, 100 g de azeitonas pretas picadas e 75 g de folha de rúcula. Numa pequena jarra, misture o suco de 1 limão, 4 colheres (sopa) de azeite e 2 colheres (sopa) de salsa picada. Incorpore a mistura à salada antes de servir.

30 Fritada de linguiça, pimentão e tomate-cereja Aqueça 1 colher (sopa) de azeite numa frigideira antiaderente de 23 cm com cabo refratário e grelhe 4 linguiças de carne de porco em fogo médio, virando com frequência, por 8-10 minutos, até ficarem douradas e cozidas por inteiro. Retire da panela e fatie-as grosseiramente. Aqueça 2 colheres (sopa) de azeite na frigideira e refogue 1 pimentão vermelho sem sementes cortado em pedaços e 1 cebola roxa picada, em fogo médio, mexendo de vez em quando, por 5 minutos. Acrescente as linguiças fatiadas e 175 g de tomates-cereja cortados ao meio e cozinhe, mexendo por 2 minutos. Bata 6 ovos e tempere com sal e pimenta-do-reino. Despeje sobre a mistura na frigideira. Cozinhe por mais 4-5 minutos em fogo baixo. Leve a frigideira ao forno preaquecido em temperatura média e deixe gratinar por 3-4 minutos, até dourar.

30 Sopa de ervilha, hortelã e bacon com creme de leite fresco

4 porções

2 colheres (sopa) de azeite
1 cebola picada grosseiramente
6 fatias de bacon picadas
4 colheres (sopa) de hortelã picada
250 g de batata sem casca picada
500 g de ervilhas congeladas
1,2 litro de caldo de frango
4 colheres (sopa) de creme de leite fresco
sal e pimenta-do-reino moída na hora
sementes torradas diversas para finalizar

- Aqueça o azeite numa panela grande e refogue a cebola e o bacon em fogo médio, mexendo com frequência, por 5 minutos, até que a cebola fique macia, e o bacon, dourado. Adicione a hortelã e as batatas e refogue por 1 minuto, mexendo sempre. Acrescente as ervilhas e o caldo. Deixe levantar fervura e reduza o fogo; tampe e cozinhe por 15 minutos, até que as batatas fiquem macias.
- Transfira a sopa em duas partes para o processador e bata-a até ficar homogênea. Volte-a para a panela, incorpore o creme de leite fresco e aqueça por 1 minuto.
- Tempere com um pouco de sal e pimenta. Sirva em pratos ou tigelas individuais aquecidas e salpique as sementes torradas.

---

10 Sopa de ervilha e hortelã com estilo

Aqueça 600 ml de sopa pronta de ervilha numa panela. Enquanto isso, pique 100 g de fatias de pancetta. Aqueça 1 colher (sopa) de azeite numa frigideira e salteie a pancetta com um punhado de pedaços de pão, até ficarem crocantes e dourados. Sirva a sopa em pratos aquecidos, finalizando com a pancetta, folhas de hortelã picadinhas e o pão.

20 Sopa de ervilha com torradas ao feta e pesto

Aqueça 2 colheres (sopa) de azeite numa panela grande e refogue 1 cebola e 1 dente de alho picados em fogo médio, mexendo com frequência, por 5 minutos. Adicione 500 g de ervilhas congeladas e 1,2 litro de caldo de frango. Deixe levantar fervura e cozinhe em fogo brando por 5 minutos. Bata a sopa em partes no processador, até ficar homogênea. Recoloque na panela, misture 4 colheres (sopa) de creme de leite fresco, tempere e aqueça por 1 minuto. Enquanto isso, corte oito fatias de pão amanhecido e toste em grelha quente apenas de um lado. No lado não torrado das fatias, espalhe 200 g de feta amassado e 2 colheres (sopa) de pesto. Grelhe por mais 3 minutos, até dourar. Sirva a sopa em pratos ou tigelas aquecidos e finalize com uma torrada em cada prato.

30 Batata-doce indiana com raita

4 porções

2 colheres (chá) de cominho em grãos
2 colheres (chá) de coentro em grãos
½ colher (chá) de feno-grego em grãos
2 colheres (sopa) de óleo de girassol
600 g de batata-doce cozida cortada em cunhas
sal e pimenta-do-reino moída na hora
¼ de colher (chá) de pimenta--calabresa em flocos

Para a raita

200 ml de coalhada fresca
4 colheres (sopa) de hortelã picada
¼ de pepino bem picado

- Coloque todos os temperos numa frigideira pequena e salteie em fogo alto por 1 minuto, mexendo a frigideira para tostar os grãos por igual. Amasse os temperos em um pilão. Em uma tigela, misture os temperos moídos e o óleo. Em seguida, acrescente as batatas e misture bem.
- Espalhe as batatas untadas numa assadeira grande, tempere com sal e pimenta e salpique a pimenta-calabresa. Leve ao forno preaquecido a 200 °C por 20 minutos, até começar a dourar. Enquanto isso, misture todos os ingredientes da raita numa pequena tigela.
- Retire as batatas do forno e sirva com a porção de raita.

---

10 Batata-doce crocante Aqueça 300 ml de óleo vegetal numa panela a 180-190 °C. Enquanto isso, corte 2 batatas-doces sem casca em fatias finas. Frite as batatas em pequenas porções por 1-2 minutos, até dourar. Retire do óleo com uma escumadeira e escorra em papel-toalha. Salpique sal e sementes de cominho. Sirva acompanhado de uma tigela de raita e legumes pré-cozidos em pedaços.

---

20 Batata-doce e abóbora assadas ao estilo indiano Numa tigela grande, misture 350 g de abóbora e batata-doce pré-cozidas e cortadas em cubos com 2 colheres (sopa) de pasta de curry amarelo e 2 colheres (sopa) de iogurte natural. Espalhe a mistura numa assadeira grande e leve ao forno preaquecido a 220 °C, por 15 minutos. Enquanto isso, prepare a raita como na receita acima e sirva acompanhando os legumes assados.

10 Omelete de salmão defumado, queijo e cebolinha

4 porções

2 colheres (sopa) de óleo vegetal
6 ovos batidos
200 g de cream cheese
100 g de salmão defumado em pedaços
3 colheres (sopa) de cebolinha--francesa picada
salada para acompanhar (opcional)
sal e pimenta-do-reino moída na hora

- Aqueça o óleo numa frigideira grande. Tempere os ovos com sal e pimenta, vire a mistura na frigideira e cozinhe em fogo brando por 4-5 minutos, até que a base esteja cozida, e a parte de cima, um pouco crua.
- Enquanto isso, bata o cream cheese com 1 colher (sopa) de água, até ficar bem suave.
- Coloque o cream cheese sobre a omelete e espalhe com cuidado. Arrume os pedaços de salmão defumado por cima, salpique a cebolinha e deixe cozinhar em fogo baixo por mais 1 minuto, até aquecer a parte de cima.
- Dobre a omelete ao meio. Corte em quatro partes e, se preferir, sirva acompanhada de uma salada simples.

---

20 **Minissuflê de salmão defumado e cebolinha** Derreta 15 g de manteiga numa panela, adicione 15 g de farinha de trigo e cozinhe em fogo médio, mexendo sempre, por alguns segundos. Retire do fogo e acrescente aos poucos 150 ml de leite, mexendo bem. Recoloque a panela no fogo e deixe levantar fervura, mexendo sempre, até engrossar. Adicione 50 g de salmão defumado em pedaços, 1 colher (sopa) de cebolinha bem picada, sal e pimenta-do-reino moída na hora. Bata 2 claras até formarem picos e incorpore delicadamente ao molho. Divida em quatro ramequins, coloque numa assadeira e leve ao forno preaquecido a 200 °C por 10 minutos, até dourar e crescer. Sirva imediatamente.

30 **Quadrados de tortilha de salmão defumado, ervilhas e dill** Bata 6 ovos com 4 colheres (sopa) de dill picado e pimenta-do-reino moída na hora. Adicione 100 g de salmão defumado picado e 100 g de ervilhas congeladas. Coloque numa assadeira quadrada de 20 cm, ligeiramente untada. Leve ao forno preaquecido a 200 °C por 20-25 minutos, até dourar e ficar firme ao toque. Corte em quadrados e sirva.

30 Carne crocante com legumes

4 porções

óleo vegetal
2 ovos
2 colheres (sopa) de farinha de milho
300 g de bife de contrafilé cortado em tiras finas
2 cenouras sem casca cortadas em tiras
1 maço de cebolinha picada
100 g de ervilhas-tortas cortadas no sentido do comprimento
1 pimenta vermelha
2 colheres (sopa) de açúcar
4 colheres (sopa) de vinagre de arroz
4 colheres (sopa) de geleia de pimenta
1 colher (sopa) de shoyu

- Coloque óleo até encher um quarto de uma panela grande e aqueça a 180-190 °C, ou até que um cubo de pão doure em 30 segundos. Enquanto isso, bata os ovos e a farinha de milho. Cubra as tiras de carne com essa mistura.
- Frite as tiras de carne em duas partes, mergulhando-as no óleo quente com uma escumadeira por 10 segundos antes de soltá-las, para evitar que grudem umas nas outras. Frite por 5 minutos, até ficarem douradas e crocantes. Retire do óleo com a escumadeira e escorra em papel-toalha.
- Em fogo alto, aqueça 1 colher (sopa) de óleo em wok ou frigideira grande e salteie as cenouras, a cebolinha, as ervilhas-tortas e a pimenta por 2-3 minutos, até ficarem macias. Adicione o açúcar, o vinagre de arroz, a geleia de pimenta e o shoyu. Misture bem e cozinhe por mais 1 minuto. Adicione a carne e misture bem. Sirva imediatamente.

10 Carne e pimentão vermelho salteados

Fatie 300 g de bife de contrafilé. Aqueça 1 colher (sopa) de óleo de gergelim em wok ou frigideira grande e salteie a carne com 1 pimenta vermelha sem sementes bem picada e 1 pimentão vermelho sem sementes fatiado, por 3 minutos. Adicione 2 colheres (sopa) de molho de ostra e cozinhe por mais 1 minuto. Sirva sobre uma porção de arroz, salpicado com cebolinha.

20 Carne crocante com brócolis

Corte 300 g de bife de contrafilé em fatias bem finas e misture com 3 colheres (sopa) de farinha de milho temperada. Aqueça 4 colheres (sopa) de óleo de gergelim e 2 colheres (sopa) de óleo vegetal em wok ou frigideira grande e salteie a carne, em fogo alto, por 3-4 minutos, até ficar crocante. Retire da panela com uma escumadeira. Adicione 1 brócolis grande cortado em buquês, 1 cenoura grande cortada em tiras grossas, 2 dentes de alho fatiados, 2 colheres (sopa) de gengibre fresco sem casca picado e meia colher (chá) de pimenta-calabresa em flocos e salteie por 3-4 minutos, até ficarem macios. Adicione 4 colheres (sopa) de shoyu light misturado a 2 colheres (sopa) de açúcar e 2 colheres (sopa) de geleia de pimenta. Misture bem e cozinhe por mais 1 minuto. Recoloque a carne na panela, com um punhado de cebolinha picada e aqueça. Sirva com arroz branco.

20 Sopa de coco com espinafre e abóbora

4 porções

1 colher (sopa) de óleo vegetal
1 cebola bem picada
500 g de abóbora-paulista sem casca nem sementes cortada em cubos
1 pimenta vermelha pequena bem picada
1 colher (chá) de coentro em pó
400 ml de leite de coco
600 ml de caldo de frango ou legumes
300 g de folhas de espinafre
naan aquecido para servir

- Aqueça o óleo numa panela grande e refogue a cebola, a abóbora e a pimenta em fogo médio, mexendo com frequência, por 8 minutos, até ficarem macias. Adicione o coentro e cozinhe, mexendo sempre, por mais alguns segundos. Acrescente o leite de coco e o caldo e deixe levantar fervura. Reduza bem o fogo e cozinhe por 10 minutos.
- Adicione as folhas de espinafre e cozinhe por mais 1 minuto, até murcharem. Sirva a sopa em tigelas ou pratos aquecidos, acompanhada do naan.

10 Sopa rápida de coco à moda caribenha

Aqueça 1 colher (sopa) de óleo vegetal numa panela grande e refogue 1 cebola roxa bem picada em fogo médio, mexendo frequentemente, por 3 minutos. Adicione 1 colher (chá) de coentro em pó e meia colher (chá) de páprica e cozinhe por mais alguns segundos, mexendo sempre. Acrescente 400 ml de leite de coco e 600 ml de caldo de frango ou legumes e deixe levantar fervura. Adicione 250 g de feijão em lata escorrido e 300 g de folhas de espinafre. Cozinhe em fogo brando por 5 minutos. Sirva com pão, se preferir.

30 Lamen com frango, abóbora e coco

Em fogo médio, aqueça 1 colher (sopa) de óleo vegetal numa panela grande e refogue 250 g de frango desfiado, mexendo por 5 minutos, até dourar. Adicione 1 cebola picada, 500 g de abóbora-paulista sem casca nem sementes cortada em cubos, 1 pimenta vermelha pequena bem picada e um pedaço de 2,5 cm de gengibre fresco sem casca ralado. Cozinhe, mexendo com frequência, por 8 minutos. Acrescente 1 colher (chá) de coentro em pó e cozinhe, mexendo sempre, por mais alguns segundos. Adicione 400 ml de leite de coco e 600 ml de caldo de frango. Deixe levantar fervura e cozinhe em fogo brando por 10 minutos, colocando 300 g de macarrão instantâneo nos últimos 3 minutos de preparo. Sirva imediatamente.

30 Picadinho de salame e milho com ovo poché

4 porções

500 g de batata pré-cozida cortada em cubos
2 colheres (sopa) de azeite
1 cebola roxa picada grosseiramente
1 colher (chá) de páprica
175 g de salame cortado em pedaços
100 g de milho-verde congelado
6 colheres (sopa) de salsa picada
4 ovos
sal

- Coloque água com um pouco de sal numa panela, deixe ferver e cozinhe as batatas por 5 minutos; escorra. Enquanto isso, aqueça o azeite numa frigideira grande e refogue a cebola em fogo médio, mexendo frequentemente, por 5 minutos, até amolecer.
- Adicione a páprica e as batatas escorridas e misture bem. Refogue por mais 5 minutos, mexendo sempre até ficar levemente dourado. Acrescente o salame e o milho e refogue por 3-4 minutos, antes de adicionar a salsa. Deixe incorporar bem e, com uma colher, amasse um pouco a mistura. Reduza o fogo, tampe e cozinhe por 2-3 minutos.
- Enquanto o picadinho cozinha, coloque água em uma panela até a metade e deixe ferver. Quebre os ovos na água, dois por vez, e cozinhe por 2 minutos. Retire com uma escumadeira.
- Coloque o picadinho nos pratos e sirva com 1 ovo poché por cima de cada porção.

---

10 Rösti de salame e tomilho com ovos pochés Numa tigela, despedace com cuidado 400 g de batata rösti pronta. Adicione 75 g de salame fatiado, 1 cebola ralada, 25 g de manteiga derretida e algumas folhas de tomilho. Tempere com sal e pimenta-do-reino moída na hora e misture bem. Aqueça uma frigideira antiaderente, coloque a mistura e pressione com uma espátula. Cozinhe em fogo alto por 4 minutos de cada lado, até dourar. Enquanto isso, cozinhe 4 ovos pochés como acima e sirva sobre a rösti.

20 Picadinho de salame e pimentão com ovos assados Escalde 300 g de batata em fatias finas numa panela por 5 minutos; escorra. Enquanto isso, aqueça 2 colheres (sopa) de azeite numa frigideira grande e refogue 1 cebola picada em fogo médio, mexendo frequentemente, por 3 minutos. Adicione as batatas e meia colher (chá) de pimenta-calabresa em flocos e refogue, mexendo e despedaçando as batatas, por 4 minutos, até dourarem. Acrescente 175 g de salame cortado em pedaços e 100 g de pimentão em conserva picado. Misture bem, amasse um pouco a mistura e cozinhe por mais 3 minutos, antes de salpicar um punhado de cebolinha-francesa. Faça quatro covas na mistura e quebre 1 ovo em cada uma. Cozinhe em fogo brando por 4 minutos. Sirva na frigideira.

20 Sopa de cogumelo e tomilho com torradas de queijo de cabra

4 porções

3 colheres (sopa) de azeite
1 cebola picada
500 g de champignons frescos picados grosseiramente
2 colheres (sopa) de folhas de tomilho, mais um pouco para decorar
600 ml de caldo de frango ou legumes
2 colheres (sopa) de mostarda de Dijon, mais 1 colher para as torradas
200 ml de creme de leite fresco
8 fatias finas de baguete ou pãozinho torradas
8 fatias finas de queijo de cabra com casca
sal e pimenta-do-reino moída na hora

- Aqueça o azeite numa panela grande e refogue a cebola em fogo médio, mexendo ocasionalmente, por 3 minutos. Adicione os cogumelos e as folhas de tomilho e refogue, mexendo de vez em quando, por 5 minutos, até que os cogumelos fiquem macios e ligeiramente dourados. Acrescente o caldo, 2 colheres (sopa) de mostarda e deixe levantar fervura. Abaixe bem o fogo e cozinhe por 5 minutos.
- Bata a sopa no processador até ficar quase homogênea, recoloque-a na panela, adicione o creme de leite fresco e tempere com sal e pimenta. Aqueça por 1 minuto.
- Passe um pouco da mostarda nos champignons e coloque o queijo de cabra por cima. Leve ao forno preaquecido em temperatura alta por 1-2 minutos ou até que o queijo comece a apresentar pontos dourados.
- Sirva a sopa em tigelas ou pratos aquecidos e finalize com as torradas de queijo por cima, salpicadas com folhas de tomilho.

10 Torradas de ciabatta com cogumelos e tomilho Aqueça 3 colheres (sopa) de azeite numa panela grande e refogue 1 cebola picada em fogo médio, mexendo ocasionalmente, por 3 minutos. Adicione 500 g de champignons picados grosseiramente e 2 colheres (sopa) de tomilho. Refogue por 5 minutos, até os cogumelos ficarem macios e dourados. Acrescente 2 colheres (sopa) de mostarda extraforte e 200 ml de creme de leite fresco. Torre quatro fatias grandes de ciabatta numa grelha preaquecida, até dourarem. Coloque um quarto da mistura de cogumelos sobre cada torrada e finalize com folhas de tomilho.

30 Sopa especial de cogumelos e tomilho Hidrate 30 g de cogumelos desidratados variados em 600 ml de água quente por 10 minutos. Escorra-os e reserve a água do cozimento; em seguida pique-os e adicione-os a uma mistura de cebola com cogumelos frescos e tomilho, cozinhando como descrito acima e usando a água dos cogumelos em vez do caldo de frango.

30 Lula cítrica crocante com molho de pimenta

4 porções

óleo vegetal
500 g de lula fresca ou descongelada cortada em anéis
75 g de fubá
2 ovos
raspas e suco de 1 limão
2 colheres (sopa) de coentro fresco bem picado, mais um pouco para servir
8 colheres (sopa) de geleia de pimenta
fatias de limão para finalizar
sal e pimenta-do-reino moída na hora

- Encha um terço de uma panela grande com óleo vegetal e aqueça a 180-190 °C.
- Escorra bem os anéis de lula. Coloque o fubá num prato e tempere com sal e pimenta. Passe a lula na farinha temperada e reserve.
- Numa tigela, bata os ovos, adicione as raspas de limão e o coentro e bata novamente. Incorpore 2 colheres (sopa) da farinha temperada à mistura. Mergulhe os anéis de lula na mistura e rapidamente coloque no óleo quente. Frite em duas ou três levas, até os anéis ficarem dourados e crocantes. Retire com uma escumadeira e escorra em papel-toalha. Enquanto isso, misture o suco de limão com a geleia de pimenta e coloque numa pequena tigela de servir.
- Sirva a lula quente, salpicada de coentro, com fatias de limão e o molho de pimenta e limão à parte.

---

10 Lula cítrica com alho

Derreta 15 g de manteiga com 2 colheres (sopa) de azeite numa frigideira grande e refogue 1 dente de alho fatiado com 500 g de anéis de lula fresca ou descongelada em fogo bem alto, mexendo sempre, por 5 minutos, até começar a chiar e dourar em algumas partes. Adicione as raspas e o suco de 1 limão. Tempere generosamente com pimenta-do-reino moída na hora e salpique 4 colheres (sopa) de salsa picada antes de servir.

20 Camarões picantes crocantes

Camarões picantes crocantes Misture 125 g de farinha de rosca, meia colher (chá) de pimenta-calabresa em flocos, 3 colheres (chá) de cominho em pó, raspas de 1 limão, meia colher (chá) de sal e a mesma quantidade de pimenta-do-reino moída na hora. Espalhe em um prato. Empane 20 camarões grandes sem casca, mas com rabo, em 2 colheres (sopa) de farinha de trigo temperada. Mergulhe-os em 1 ovo batido e, finalmente, na mistura de farinha de rosca. Aqueça 3,5 cm de óleo vegetal numa frigideira grande a 180-190 °C. Frite os camarões em porções por 2 minutos, até ficarem crocantes e dourados. Retire com uma escumadeira e escorra em papel-toalha. Sirva com uma tigela de maionese misturada com o suco do limão e um punhado de coentro fresco picado.

20 Fusilli cremoso de presunto e mostarda

4 porções

375 g de fusilli seco
1 colher (sopa) de azeite
25 g de manteiga
1 cebola em fatias finas
25 g de farinha de trigo
300 ml de leite
1 colher (sopa) de mostarda extraforte
1 colher (chá) de mostarda de Dijon
200 ml de creme de leite fresco
250 g de presunto defumado cortado em tiras finas
4 colheres (sopa) de salsa picada
pimenta-do-reino moída na hora
salada de rúcula para acompanhar (opcional)

- Numa panela grande, ferva água e sal e cozinhe a massa por 10-20 minutos, até ficar *al dente*. Escorra, recoloque na panela e incorpore o azeite.
- Enquanto isso, derreta a manteiga numa panela grande e refogue a cebola em fogo médio, mexendo ocasionalmente, por 5 minutos, até ficar macia. Adicione a farinha e frite, mexendo sempre, por alguns segundos. Retire do fogo e acrescente o leite aos poucos, misturando bem. Recoloque a panela no fogo e mexa sem parar, até levantar fervura. Cozinhe até engrossar.
- Misture as mostardas, o creme de leite fresco, o presunto e a salsa e aqueça por 1 minuto, até o molho começar a borbulhar, mas não a ferver. Incorpore a massa e tempere com pimenta.
- Sirva em pratos aquecidos com uma salada de rúcula.

---

10 Linguine rápido de presunto e mostarda Numa panela grande, ferva água e sal e cozinhe 500 g de linguine fresco por 3 minutos, até ficar macio. Escorra e recoloque na panela quente. Misture 250 g de presunto defumado cortado em tiras, 1 colher (sopa) de mostarda extraforte, 1 colher (chá) de mostarda de Dijon, 4 colheres (sopa) de salsa picada e 150 ml de creme de leite fresco. Incorpore bem e sirva imediatamente.

---

30 Presunto, mostarda e tomate ao forno Faça a receita como acima, mas, em vez de servir em pratos aquecidos, coloque a massa numa travessa refratária, adicione 3 tomates-caqui fatiados por cima e salpique 50 g de cheddar ralado. Leve ao forno preaquecido por 7 minutos, até que os tomates fiquem macios, e o queijo, derretido e dourado.

20 Fritada de brie, pimentão e espinafre

4-6 porções

3 colheres (sopa) de azeite
1 cebola roxa fatiada
200 g de folha de espinafre
8 ovos
sal e pimenta-do-reino moída na hora
100 g de pimentão assado em conserva escorrido e picado grosseiramente
175 g de brie cortado em pedaços
salada de folhas para acompanhar (opcional)

- Aqueça o azeite numa frigideira de 25 cm com cabo refratário e refogue a cebola em fogo médio, por 5 minutos, até ficar macia. Adicione o espinafre e refogue por 1 minuto, até murchar e secar todo o líquido. Retire a frigideira do fogo.
- Bata os ovos e tempere com um pouco de sal e pimenta. Despeje a mistura na frigideira, sobre o espinafre com cebola.
- Cubra com os pimentões e o brie, distribuindo por igual na mistura da fritada. Diminua para o fogo baixo e cozinhe por 3-5 minutos, até a base ficar firme.
- Leve a frigideira ao forno preaquecido em temperatura média e gratine por 3-4 minutos, até dourar. Sirva em fatias e, se preferir, acompanhada de uma salada de folhas.

10 Omelete de brie, pimentão temperado e bacon Aqueça meia colher (sopa) de azeite numa frigideira grande. Corte seis fatias de bacon em pedaços pequenos e frite em fogo médio, mexendo sem parar, por 3 minutos, até ficar crocante. Bata 4 ovos, tempere e despeje na panela. Deixe cozinhar por 1 minuto. Adicione 100 g de pimentão assado em conserva escorrido e cortado em pedaços. Salpique 1 colher (sopa) de cebolinha e cubra com 100 g de brie cortado em pedaços pequenos. Cozinhe por mais 4-5 minutos, até dourar. Sirva acompanhado de pão crocante e manteiga.

30 Tortilha de pimentão picante e ervilhas Em fogo médio, aqueça 1 colher (sopa) de azeite numa frigideira grande com cabo refratário e refogue 1 cebola picada e 100 g de pimentão assado em conserva escorrido e picado grosseiramente. Adicione 1 dente de alho amassado, 250 g de feijão em lata escorrido e 2 colheres (sopa) de ervilhas congeladas e cozinhe por 3 minutos, mexendo sempre. Bata 6 ovos, tempere e despeje sobre a mistura de vegetais na panela. Salpique 1 colher (sopa) de salsa e cozinhe em fogo baixo por 5 minutos. Leve a frigideira ao forno em temperatura média por 3-4 minutos, até dourar levemente. Deixe esfriar por 2 minutos e sirva cortada em fatias grossas.

10 Sopa tailandesa de frango

4 porções

800 ml de leite de coco light
125 ml de caldo quente de frango
1 colher (sopa) de pasta de curry vermelho
2 filés de peito de frango com cerca de 175 g cada, cortados em tiras
200 g de ervihas-tortas
200 g de broto de feijão

- Coloque o leite de coco, o caldo de frango e a pasta de curry numa panela grande e deixe levantar fervura.
- Adicione o frango e cozinhe por 2 minutos. Acrescente as ervilhas-tortas e o broto de feijão e cozinhe por mais 5 minutos, até o frango ficar totalmente cozido.
- Sirva em pratos ou tigelas aquecidos.

20 Salteado de curry verde tailandês

Em fogo médio, aqueça 2 colheres (sopa) de óleo vegetal em wok ou frigideira grande e refogue 1 talo de capim-limão picado, 1 cm de gengibre fresco sem casca picado e 4 filés de peito de frango, com cerca de 150 g cada, cortados em tiras. Mexa com frequência, por 5 minutos, até o frango dourar e ficar totalmente cozido. Adicione 200 g de ervilhas-tortas, 1 pimentão vermelho sem sementes picado e 200 g de broto de feijão e salteie em fogo alto por 2-3 minutos. Em uma tigela, misture 1 colher (sopa) de pasta de curry verde com 6 colheres (sopa) de leite de coco. Despeje sobre o salteado e misture, cozinhando por mais 2 minutos.

30 Curry verde tailandês com frango e ervilhas-tortas

Coloque 800 ml de leite de coco numa panela com 1 talo de capim-limão picado grosseiramente e um pedaço de gengibre fresco de 2,5 cm sem casca picado, raspas de limão, 1 colher (sopa) de pasta de curry verde, 4 filés de peito de frango de aproximadamente 150 g cada, cortados em pedaços, 100 g de ervilhas-tortas e 2 pimentões vermelhos picados grosseiramente. Deixe levantar fervura e cozinhe em fogo brando por 15-20 minutos. Em uma tigela, misture 2 colheres (sopa) de farinha de milho com 2 colheres (sopa) de água fria. Retire do fogo e incorpore a mistura de farinha. Volte a panela para o fogo e deixe levantar fervura, mexendo sempre, até engrossar. Adicione 8 colheres (sopa) de folhas de coentro picadas e sirva.

30 Sanduíche de muçarela no pão frito

4 porções

4 ovos
8 fatias de pão integral multigrãos
2 colheres (sopa) de óleo vegetal
4 colheres (sopa) de azeite
1 berinjela cortada em fatias finas
150 g de muçarela de búfala cortada em 12 fatias finas
um punhado de folhas de espinafre
4 colheres (sopa) de sardela
sal e pimenta-do-reino moída na hora

- Bata os ovos e tempere com um pouco de sal e pimenta. Mergulhe as fatias de pão no ovo batido. Aqueça o óleo vegetal numa frigideira grande e frite em partes, em fogo médio, por 30 segundos a 1 minuto de cada lado, até dourar. Retire do fogo e empilhe, para manter as fatias aquecidas.
- Aqueça o azeite numa panela e frite as fatias de berinjela em fogo médio por 5-6 minutos, virando uma vez, até ficarem douradas e macias. Retire e mantenha-as aquecidas.
- Para montar, divida as fatias de berinjela entre quatro fatias de pão, cubra cada uma com três fatias de muçarela e adicione algumas folhas de espinafre por cima. Espalhe a sardela nas fatias de pão restantes e coloque-as por cima de cada pilha, com a parte da sardela virada para baixo. Pressione bem, recoloque na frigideira aquecida e grelhe em fogo baixo por 2 minutos, virando uma vez, até que o espinafre murche, e a muçarela comece a derreter. Corte cada sanduíche na diagonal e sirva morno.

10 Sanduíche de brie e pinholes com salsa

Passe manteiga em oito fatias de pão de fôrma. Em quatro delas, coloque fatias de brie e salpique 2 colheres (sopa) de pinholes tostados. Cubra com as fatias de pão restantes e corte os sanduíches na diagonal. Bata 2 ovos com 2 colheres (sopa) de leite e tempere. Derreta uma colherada de manteiga com 1 colher (chá) de azeite numa frigideira grande. Mergulhe os sanduíches na mistura de ovo e frite cada lado por 2 minutos. Sirva com salsa fresca.

20 Pão ao pesto com tomate assado

Corte 4 tomates ao meio e coloque-os numa assadeira com o lado cortado para cima. Coloque uma folha de manjericão em cima de cada um, regue com azeite e tempere com sal e pimenta-do-reino moída na hora. Leve ao forno preaquecido a 200 °C por 15 minutos. Enquanto isso, misture 3 ovos batidos com 1 colher (sopa) de leite, tempere e despeje num prato grande. Passe pesto nos dois lados de oito fatias de pão de fôrma. Mergulhe-as na mistura de ovo. Aqueça 1 colher (sopa) de azeite numa frigideira grande e frite os pães em partes, em fogo médio, por 1 minuto cada lado. Sirva os tomates assados por cima das fatias de pão.

20 Bolinhos apimentados de milho com molho de tomate

8 porções

275 g de milho-verde em lata
65 g de farinha de trigo
1 colher (chá) de fermento em pó
1 ovo batido
½ pimentão vermelho bem picado
1 pimenta vermelha pequena
6 colheres (sopa) de coentro picado
2 colheres (sopa) de óleo vegetal
pimenta-do-reino moída na hora

Para o molho

1 colher (sopa) de azeite
2 tomates bem picados
½ pimenta vermelha picada
1 colher (sopa) de açúcar mascavo
2 colheres (sopa) de coentro picado

- Escorra o milho-verde, coloque metade no processador e bata até ficar homogêneo. Transfira para uma tigela e misture com o milho restante. Peneire a farinha e o fermento e misture. Acrescente o ovo, o pimentão, a pimenta vermelha, sem sementes e bem picada, e o coentro e tempere com a pimenta-do-reino.
- Aqueça o óleo vegetal numa frigideira grande antiaderente em fogo médio e coloque quatro colheradas da mistura. Frite cada lado por cerca de 1 minuto, até dourar. Retire os bolinhos com uma escumadeira, coloque sobre papel-toalha para remover o excesso de óleo e mantenha-os aquecidos. Frite o restante da mistura em porções para fazer oito bolinhos no total.
- Enquanto isso, misture todos os ingredientes do molho, tempere a gosto e coloque numa tigela.
- Sirva os bolinhos mornos acompanhados do molho.

---

10 Panquecas de milho com molho de tomate Prepare um pacote de 150 g de mistura para panqueca seguindo as instruções da embalagem e adicione 8 colheres (sopa) de milho-verde em lata escorrido com 3 colheres (sopa) de coentro picado. Tempere bem. Em uma frigideira, aqueça em fogo médio um pouco de óleo vegetal, coloque um quarto da mistura, frite por 1 minuto, vire e frite do outro lado por alguns segundos. Faça o restante da mistura da mesma forma. Recheie as panquecas com salsa mexicana e, se desejar, algumas folhas de rúcula.

30 Bolinhos de caranguejo com milho Bata metade dos grãos de 1 lata de 275 g de milho-verde escorrido no processador, até ficar quase homogêneo. Retire a carne branca e escura de 1 caranguejo fresco e junte ao milho batido com o restante do milho e 2 cebolinhas picadas. Adicione 65 g de farinha de trigo e 1 colher (chá) de fermento e misture. Acrescente 1 ovo batido, meio pimentão bem picado, 1 pimenta vermelha pequena sem sementes bem picada, 6 colheres (sopa) de coentro fresco picado e pimenta-do-reino moída na hora. Aqueça 2 colheres (sopa) de óleo vegetal numa frigideira antiaderente grande, em fogo médio, e coloque quatro colheradas da mistura. Frite cada lado por cerca de 1 minuto, até dourar. Retire os bolinhos com uma escumadeira, coloque sobre papel-toalha para remover o excesso de óleo e mantenha-os aquecidos. Frite o restante da mistura da mesma forma. Sirva sobre salada de folhas com molho à parte, como acima.

30 Dip de berinjela e alho com pão pita torrado

4 porções

2 berinjelas grandes
2 colheres (chá) de cominho em pó
1 colheres (chá) de sementes de coentro em pó
1 dente de alho picado grosseiramente
150 ml de azeite
raspas e suco de 1 limão-siciliano
4 colheres (sopa) de coentro fresco picado
sal e pimenta-do-reino moída na hora
pão pita para servir

- Limpe as berinjelas e corte-as em fatias grossas no sentido do comprimento. Misture o cominho, o coentro em pó e o alho com o azeite. Pincele a mistura nos dois lados de cada fatia de berinjela. Reserve o restante do azeite aromatizado.
- Aqueça uma frigideira grande em fogo médio e frite um terço das fatias de berinjela por 3-4 minutos, virando uma vez, até ficarem macias e ligeiramente douradas. Retire da frigideira e frite as fatias restantes da mesma forma.
- No processador, bata as berinjelas mornas, as raspas e o suco do limão e o azeite que sobrou, até ficar quase homogêneo. Transfira para uma tigela, misture o coentro fresco e tempere com um pouco de sal e pimenta.
- Grelhe ou toste os pães até ficarem dourados. Corte em fatias e sirva com o molho.

10 Babaganuche rápido

No processador, bata 175 g de berinjela grelhada em conserva, 2 colheres (sopa) de suco de limão, 2 colheres (sopa) de tahine, 1 dente de alho picado, meia colher (chá) de sal e uma boa pitada de cominho em pó, até formar um purê encorpado. Prove e ajuste o tempero. Adicione 1 colher (sopa) de iogurte natural e bata rapidamente, para um sabor mais suave. Transfira para uma tigela, regue com azeite e salpique salsa. Sirva com uma salada crocante.

20 Caponata fácil

Aqueça 2 colheres (sopa) de azeite numa frigideira grande e refogue em fogo médio 1 cebola picada, 1 talo de aipo picado, 1 pimentão vermelho e 1 pimentão amarelo sem sementes picados e 2 dentes de alho fatiados, mexendo ocasionalmente, por 15 minutos. Adicione 100 g de berinjela grelhada em conserva cortada em pedaços grandes, 400 g de tomate pelado em lata picado, 1 colher (sopa) de alcaparras, um punhado de azeitonas verdes picadas, 1 colher (sopa) de vinagre de vinho tinto e 1 colher (chá) de açúcar. Aqueça e sirva com ciabatta.

10 Ovos à florentina

4 porções

15 g de manteiga, mais um pouco para untar os muffins
200 g de folhas de espinafre
4 muffins ingleses ou pães de minuto partidos ao meio
4 ovos
3 colheres (sopa) de salsa picada
200 ml de molho holandês ou molho bernaíse
sal e pimenta-do-reino moída na hora

- Encha meia panela com água e deixe ferver. Enquanto isso, derreta a manteiga numa panela média, adicione o espinafre e refogue em fogo médio, mexendo sempre, por 1-2 minutos, até murchar e secar o líquido. Tempere com sal e pimenta.
- Aqueça os muffins com o lado do corte para cima numa grelha em temperatura média, até dourarem levemente. Enquanto isso, cozinhe os ovos pochés na água fervente, dois por vez, por 1-2 minutos, até que as claras fiquem firmes, e as gemas, macias.
- Passe manteiga nos muffins aquecidos, acrescente o espinafre e coloque um ovo sobre cada um. Misture a salsa com o molho holandês e coloque uma colherada em cima de cada ovo. Salpique pimenta-do-reino e sirva.

---

20 Ovos à florentina com alho-poró e molho de queijo Derreta 25 g de manteiga e refogue 2 alhos-porós em rodelas finas, em fogo médio, mexendo por 3-4 minutos, até dourarem. Adicione 25 g de farinha de trigo, retire do fogo e acrescente 400 ml de leite, aos poucos, mexendo sem parar. Adicione 1 colher (chá) de mostarda forte e mexa bem. Recoloque a panela no fogo e deixe levantar fervura, mexendo até engrossar. Adicione 2 colheres (sopa) de parmesão ralado. Prepare o espinafre, os ovos e os muffins, como acima. Coloque a salsa e o molho de alho-poró e queijo no lugar do molho holandês. Sirva salpicado com parmesão.

---

30 Ovos ao forno com espinafre e manteiga de parmesão Misture 100 g de manteiga amolecida com 2 colheres (sopa) de tomates secos escorridos e picados, 2 colheres (sopa) de parmesão ralado e 2 colheres (sopa) de manjericão picado. Derreta 15 g dessa manteiga numa panela grande e cozinhe 400 g de folhas de espinafre em fogo médio por 2-3 minutos, até murchar e secar o líquido. Coloque em quatro ramequins e quebre um ovo sobre cada. Adicione um pouco da manteiga aromatizada por cima e leve ao forno preaquecido a 200 °C por 12-15 minutos. Espalhe o restante da manteiga por oito fatias grossas de baguete, coloque numa assadeira e leve ao forno nos últimos 5-6 minutos do tempo de cozimento, até dourar. Sirva os ovos assados com as torradas.

20 Sopa de couve-flor com queijo

4 porções

1 couve-flor cortada em buquês
600 ml de caldo de frango
300 ml de leite
25 g de manteiga
2 alhos-porós cortados em fatias finas
2 colheres (chá) de mostarda inglesa
1 colher (chá) de noz-moscada em pó ou ralada
100 g de cheddar ralado
pimenta-do-reino moída na hora
2 fatias de pão de fôrma branco ou integral cortadas em cubinhos
3 colheres (sopa) de óleo vegetal
½ colher (chá) de páprica em pó

- Numa panela, coloque os buquês de couve-flor com o caldo de frango e o leite e deixe levantar fervura. Reduza bem o fogo e cozinhe por 10 minutos, até a couve-flor ficar macia.
- Enquanto isso, derreta a manteiga numa frigideira e refogue o alho-poró em fogo médio, mexendo de vez em quando, durante 5 minutos.
- Acrescente a mostarda e a noz-moscada à couve-flor e depois o queijo. Bata no processador até a mistura ficar homogênea. Recoloque na panela, acrescente o alho-poró e tempere com um pouco de pimenta. Aqueça um pouco enquanto torra os croûtons. Coloque os cubinhos de pão em uma frigideira, regue com o óleo vegetal e salteie até dourar.
- Aqueça o óleo vegetal numa frigideira grande em fogo alto. Passe os cubos de pão na páprica e frite-os, mexendo sempre, durante 2-3 minutos, até ficarem dourados e crocantes. Retire da frigideira e escorra em papel-toalha.
- Sirva a sopa em tigelas aquecidas com os croûtons por cima.

---

10 Sopa rapidíssima de espinafre e queijo

Coloque numa panela 600 ml de caldo de frango, 300 ml de leite, adicione 250 g de espinafre picado, 2 colheres (chá) de mostarda forte e 1 colher (chá) de noz-moscada em pó. Deixe levantar fervura. Reduza o fogo e cozinhe durante 5 minutos. Adicione 300 g de molho de queijo pronto e cozinhe por 2 minutos. Sirva em tigelas ou pratos aquecidos com croûtons já prontos.

30 Couve-flor gratinada clássica

Coloque 1 couve-flor cortada em buquês numa panela com água e deixe levantar fervura. Reduza bem o fogo e cozinhe por 10 minutos. Enquanto isso, derreta 50 g de manteiga numa panela, adicione 50 g de farinha de trigo e cozinhe em fogo médio, mexendo sempre, por alguns segundos. Retire do fogo e adicione 600 ml de leite, aos poucos, misturando bem. Volte a panela para o fogo e deixe levantar fervura, mexendo sempre até engrossar. Acrescente 100 g de cheddar ralado, 2 colheres (chá) de mostarda inglesa e 1 colher (chá) de noz-moscada em pó. Escorra a couve-flor e coloque numa travessa refratária. Despeje o molho por cima e cubra com 50 g de cheddar ralado. Leve ao forno em temperatura alta por 5 minutos, até dourar.

30 Minipizzas de alcachofra, azeitonas e queijo taleggio

4 porções

150 g de mistura para massa de pizza
farinha de trigo para polvilhar
4 colheres (sopa) de pasta de tomate seco
280 g de antepasto de alcachofra (ou alcachofras em azeite) em lata bem escorrido
4 colheres (sopa) de azeitonas pretas picadas
100 g de queijo taleggio em fatias
folhas de rúcula com molho de azeite e limão-siciliano para acompanhar (opcional)

- Faça a massa da pizza seguindo as instruções da embalagem e divida em quatro porções. Sove rapidamente cada porção sobre uma superfície lisa e ligeiramente polvilhada com farinha de trigo. Faça um disco de 12 cm com cada porção e coloque numa assadeira.
- Sobre cada disco espalhe 1 colher (sopa) de pasta de tomate seco, salpique as alcachofras escorridas e as azeitonas.
- Finalize com as fatias de taleggio. Leve ao forno preaquecido a 220 °C por 12 minutos, até a massa assar e a parte de cima do recheio ficar levemente dourada.
- Sirva quente, acompanhada de salada de rúcula temperada, se desejar.

10 Pizzas de ciabatta com tomate seco e alcachofra Corte 2 ciabattas de azeitona ao meio, no sentido horizontal. Espalhe no pão 4 colheres (sopa) de massa de tomate, 250 g de antepasto de alcachofra e um punhado de tomates secos. Cubra com 160 g de muçarela de búfala em bolinhas e finalize com parmesão ralado. Leve ao forno preaquecido em temperatura alta por 4-5 minutos, até que o queijo borbulhe e fique ligeiramente dourado.

20 Pizzas de pancetta, queijo de cabra e alcachofra Coloque dois discos de massa pronta de pizza numa assadeira. Espalhe 2 colheres (sopa) de pesto e coloque 250 g de antepasto de alcachofra. Salpique 75 g de pancetta em cubos e finalize com 125 g de queijo de cabra fatiado. Leve ao forno preaquecido a 220 °C por 12 minutos. Corte as pizzas ao meio e sirva com salada verde.

Refeições com carne

Listas de receitas por tempo de preparo

30

20

10

30 Frango grelhado com guacamole e cuscuz marroquino

4 porções

4 peitos de frango desossados e sem pele com cerca de 150 g cada
6 colheres (sopa) de vinagre balsâmico
175 g de cuscuz marroquino
350 ml de água fervida ligeiramente resfriada
3 colheres (sopa) de azeite
1 avocado sem casca picado
1 tomate grande picado
5 colheres (sopa) de coentro picado
50 g de uvas-passas
4 colheres (sopa) de sementes de abóbora
sal

- Coloque o frango num recipiente não metálico e despeje o vinagre balsâmico. Cubra e deixe marinar por 5 minutos.
- Coloque o cuscuz numa tigela, despeje a água e tempere com um pouco de sal. Tampe e deixe absorver a água por 10 minutos.
- Enquanto isso, aqueça 1 colher (sopa) de azeite numa frigideira ou panela tipo grill e grelhe o frango em fogo médio, virando uma vez, por 10-12 minutos, até dourar.
- Prepare o molho, misturando numa tigela o avocado, o tomate, 1 colher (sopa) do azeite e 1 colher (sopa) de coentro.
- Misture o restante do azeite no cuscuz e adicione as passas, as sementes de abóbora e o restante do coentro. Misture bem. Sirva em pratos aquecidos, colocando o frango por cima e finalizando com uma colher do molho.

---

10 Cuscuz marroquino com tomate seco e frango Cozinhe 110 g de cuscuz marroquino com tomate e cebola seguindo as instruções da embalagem. Aqueça 3 colheres (sopa) do óleo da conserva de tomates secos. Acrescente 400 g de peito de frango cozido e em pedaços, 5 tomates secos picados, 1 pimentão vermelho picado e refogue em fogo médio durante 5 minutos, mexendo sempre. Acrescente 2 cebolinhas picadas, 1 colher (sopa) de mel, 1 colher (sopa) de vinagre balsâmico, 1 colher (chá) de mostarda extraforte e o cuscuz.

20 Frango grelhado com molho de limão e cuscuz marroquino Grelhe 4 peitos de frango desossados e sem pele com cerca 150 g cada, como acima. Enquanto isso, coloque 175 g de cuscuz marroquino numa tigela, despeje 300 ml de caldo quente de frango, tampe e deixe absorver por 10 minutos. Enquanto o cuscuz hidrata, prepare o molho misturando 1 manga sem casca cortada em cubos, 1 cebola roxa pequena picada, 1 tomate picado e 1 colher (sopa) de coentro picado. Numa tigela separada, misture as raspas e o suco de 1 limão, 1 colher (sopa) de azeite, 1 colher (sopa) de vinagre balsâmico, 1 colher (sopa) de hortelã picada e uma pitada de açúcar. Despeje sobre o cuscuz e misture bem. Sirva o cuscuz e o molho com o frango, como na receita acima.

20 Lombo agridoce com abacaxi

4 porções

½ abacaxi sem casca
1 colher (sopa) de óleo vegetal
1 cebola picada
1 pimentão amarelo sem sementes picado
375 g de filés de lombo de porco cortados em tiras
100 g de ervilhas-tortas inteiras
6 colheres (sopa) de ketchup
2 colheres (sopa) de açúcar mascavo
2 colheres (sopa) de vinagre de vinho branco
talharim para acompanhar (opcional)

- Corte o abacaxi em pedaços médios, descartando o miolo. Aqueça o óleo numa frigideira grande ou wok e salteie os pedaços de abacaxi em fogo alto por 3-4 minutos, até dourar em alguns pontos. Retire com uma escumadeira. Coloque a cebola e o pimentão na frigideira e refogue em fogo alto, mexendo frequentemente, por 5 minutos, até amaciar. Acrescente as tiras de lombo e salteie por 5 minutos, até dourar e cozinhar.
- Volte o abacaxi para a panela com as ervilhas-tortas e refogue por 2 minutos, mexendo de vez em quando. Numa tigela, misture o ketchup, o açúcar e o vinagre e despeje sobre a mistura de lombo. Incorpore bem e refogue por mais 1 minuto para aquecer o molho.
- Sirva imediatamente misturado com talharim.

---

10 Lombo agridoce salteado Escorra a calda de 1 lata de 400 g de abacaxi e misture 5 colheres (sopa) da calda com 2 colheres (sopa) de fubá. Adicione 4 colheres (sopa) de vinagre de arroz, 2 colheres (sopa) de ketchup, 2 colheres (sopa) de shoyu e 2 colheres (sopa) de açúcar mascavo. Aqueça 1 colher (sopa) de óleo vegetal numa frigideira e salteie 200 g de tiras de lombo de porco, por 2 minutos. Acrescente 1 pimentão vermelho picado e salteie por mais 2 minutos. Adicione 5 cebolinhas picadas, o abacaxi e a mistura da calda de abacaxi. Aqueça o molho e sirva com talharim.

30 Paleta agridoce assada Misture 5 colheres (sopa) de molho hoisin, 2 colheres (sopa) de vinho tinto seco, 2 colheres (sopa) de óleo de girassol, 1 colher (sopa) de shoyu, 100 g de cebolinha picada e 3 dentes de alho picados. Despeje a mistura sobre 4 bifes de paleta de porco, cada um com cerca de 175 g, numa travessa refratária. Regue com 1 colher (sopa) de mel. Leve ao forno preaquecido a 180 °C por 20 minutos. Regue com mais 1 colher (sopa) de mel e volte ao forno por mais 5 minutos. Enquanto isso, aqueça 1 colher (sopa) de óleo de gergelim numa frigideira grande ou wok e salteie em fogo alto meio abacaxi sem casca nem miolo em pedaços por 3 minutos. Adicione um punhado de couve-chinesa (ou acelga) e salteie até murchar. Sirva a paleta sobre talharim de ovos com abacaxi e finalize com a couve-chinesa.

20 Hambúrguer de frango e estragão

4 porções

500 g de peito de frango desossado e sem pele picado grosseiramente
1 colher (sopa) de mostarda extraforte
3 colheres (sopa) de estragão picado
½ pimenta vermelha pequena bem picada (opcional)
4 pães integrais
pimenta-do-reino moída na hora

Para finalizar

molho bérnaise
folhas de rúcula temperadas com suco de limão

- Bata o frango no processador, até ficar moído. Transfira para uma tigela, adicione a mostarda, o estragão e a pimenta vermelha e tempere com a pimenta-do-reino. Misture bem. Com a massa, modele 4 hambúrgueres.
- Coloque os hambúrgueres numa frigideira comum ou tipo grill em temperatura alta por 4-5 minutos de cada lado, até dourar. Corte os pães ao meio e coloque para grelhar com o lado cortado para baixo no último minuto do preparo dos hambúrgueres.
- Coloque 1 hambúrguer em cada base do pão grelhado. Adicione uma colherada de molho bérnaise e um punhado de rúcula. Cubra com a parte de cima do pão e sirva imediatamente.

10 Hambúrguer crocante de frango com maionese de estragão Envolva 4 peitos de frango desossados e sem pele com cerca de 150 g cada em 2 folhas de filme de PVC untadas. Pressione com um rolo até que atinjam a metade da espessura original. Bata 1 ovo com 1 colher (chá) de mostarda de Dijon. Passe cada peito de frango na mistura de ovo e empane usando 100 g de farinha de rosca. Coloque numa frigideira comum ou tipo grill preaquecida e grelhe por 4 minutos de cada lado, até ficar crocante e dourado. Enquanto isso, misture 1 colher (sopa) de estragão picado e 1 colher (chá) de suco de limão-siciliano com 4 colheres (sopa) de maionese. Sirva os hambúrgueres em pães tostados, com salada de folhas.

30 Frango frito com estragão e tomate seco Divida ao meio, no sentido do comprimento, 4 peitos de frango desossados e sem pele, com cerca de 150 g cada. Coloque em cada peito 4 tomates secos e 1 ramo grande de estragão e feche com um barbante culinário ou com um palito de churrasco. Aqueça 2 colheres (sopa) de azeite numa frigideira e frite os peitos de frango em fogo médio por 5 minutos de cada lado. Adicione 300 ml de caldo de frango e deixe levantar fervura. Reduza bem o fogo, tampe e deixe cozinhar por 10 minutos. Enquanto isso, bata 1 ovo com 2 colheres (chá) de mostarda de Dijon. Bem lentamente, misture 200 ml de óleo vegetal, até engrossar e ficar cremoso. Adicione 2 colheres (sopa) de estragão picado e tempere. Sirva os peitos de frango em pratos aquecidos, com o molho por cima.

30 Guisado de linguiça, alecrim e feijões

4 porções

1 colher (sopa) de azeite
12 linguiças toscanas
1 cebola roxa fatiada
2 pimentões vermelhos sem sementes cortados em pedaços
1 colher (sopa) de alecrim picado
250 g de feijão-azuqui cozido e sem o caldo
250 g de feijão-manteiga cozido e sem o caldo
200 g de tomates-cereja
150 ml de caldo de carne
fatias de pão integral levemente torradas para servir (opcional)

- Aqueça o azeite numa frigideira grande e grelhe as linguiças em fogo médio durante 10 minutos, virando com frequência até ficarem douradas e cozidas. Retire-as da frigideira com uma escumadeira. Descarte a maior parte do óleo, deixando apenas cerca de 1 colher (sopa) na frigideira. Adicione a cebola e os pimentões vermelhos e refogue por 3-4 minutos, até ficarem macios. Acrescente as folhas de alecrim e refogue por mais 1 minuto.
- Adicione os feijões, os tomates e o caldo de carne e deixe levantar fervura. Volte as linguiças para a panela, reduza bem o fogo e cozinhe por 10 minutos, até aquecer bem os feijões e as linguiças.
- Sirva com pão integral em tigelas ou pratos aquecidos.

---

10 Guisado de pimenta e feijão-fradinho

Aqueça 1 colher (sopa) de azeite numa panela grande e refogue em fogo médio 2 cebolas roxas picadas, 1 pimenta jalapeño sem sementes bem picada e 1 colher (chá) de gengibre fresco sem casca picado. Mexa de vez em quando, por 5 minutos. Adicione 1 colher (chá) de pasta harissa e 100 g de damascos secos e misture bem. Acrescente 400 g de tomates-cereja e 250 g de feijão-fradinho. Aqueça por 5 minutos, mexendo de vez em quando. Tempere e sirva com cuscuz marroquino pronto e colheradas de coalhada fresca com coentro fresco picado.

20 Guisado de linguiça, frango e grão-de-bico

Aqueça 1 colher (sopa) de óleo vegetal numa panela grande e grelhe em fogo médio 2 peitos de frango desossados, sem pele e cortados em fatias finas, 1 cebola picada e 1 dente de alho picado. Mexa frequentemente, durante 5 minutos. Tire a pele de 200 g de linguiça defumada, corte em fatias finas e grelhe com o frango, mexendo sempre, por 2 minutos. Adicione 800 g de tomate pelado em lata picado, 200 g de grão-de-bico pré-cozido, 1 colher (chá) de cominho em pó e 1 colher (chá) de páprica. Cozinhe em fogo brando por 10 minutos. Tempere e adicione salsa picada. Sirva com arroz selvagem.

10 Salada de manga e espinafre com frango ao amendoim

4 porções

2 colheres (sopa) de óleo de gergelim
2 filés de peito de frango com cerca de 175 g cada cortados em tiras
150 g de folhas de espinafre e de agrião
1 manga grande
4 colheres (sopa) de pasta de amendoim
5 colheres (sopa) de leite de coco
2 colheres (sopa) de geleia de pimenta
4 colheres (sopa) de água
sal e pimenta-do-reino moída na hora

- Tempere o frango com sal e pimenta-do-reino.
- Aqueça 1 colher (sopa) de óleo de gergelim numa frigideira grande e grelhe o frango em fogo alto, por 5-6 minutos, até dourar.
- Enquanto isso, coloque as folhas de espinafre e agrião com a manga fatiada numa tigela grande, regue com o restante do óleo e misture bem.
- Adicione os ingredientes restantes ao frango na frigideira e refogue por 1 minuto. Misture à salada e sirva ainda morno.

---

20 Espetos de frango e manga Corte em cubos 3 peitos de frango desossados e sem pele com cerca de 175 g cada e coloque numa tigela com 4 colheres (sopa) de shoyu, um pedaço de 1 cm de gengibre picado e meia colher (chá) de tempero 5 especiarias chinesas. Misture bem, tampe e deixe marinar por 5 minutos. Enquanto isso, numa tigela, coloque 1 manga cortada em pedaços grandes e junte 1 colher (sopa) de óleo de gergelim e 2 colheres (sopa) de coentro fresco picado. Espete o frango e a manga, distribuindo-os igualmente em oito espetos metálicos. Asse sobre uma grelha preaquecida em temperatura alta por 8-10 minutos, virando de vez em quando.

30 Frango salteado com manga e molho de amendoim Aqueça 1 colher (sopa) de óleo vegetal em wok ou frigideira grande e grelhe em fogo médio 4 peitos de frango desossados e sem pele com cerca de 150 g cada cortados em cubos e temperados. Mexa durante 8-10 minutos, até dourar. Adicione 2 cenouras grandes sem casca cortadas em palitos e salteie por 5 minutos, até ficarem macias. Acrescente 1 maço de cebolinha picada e 200 g de vagens frescas e salteie por mais 2 minutos. Adicione meia manga cortada em pedacinhos. Refogue, mexendo por 1 minuto. Retire do fogo. Separadamente, misture 2 colheres (sopa) de pasta de amendoim com 2 colheres (sopa) de shoyu e 150 ml de água fervente, até ficar homogêneo. Despeje na panela, volte-a ao fogo e cozinhe por mais 2 minutos, incorporando o molho delicadamente para não desfazer a manga.

30 Carne em crosta de mostarda com batatas crocantes

4 porções

25 g de manteiga
1 peça de 500 g de carne bovina (filé-mignon, por exemplo)
3 colheres (sopa) de mostarda extraforte
1 colher (sopa) de mostarda de Dijon
3 colheres (sopa) de tomilho picado
2 colheres (sopa) de salsa picada
sal e pimenta-do-reino moída na hora
salada para acompanhar (opcional)

Para as batatas

4 batatas
2 colheres (sopa) de azeite
½ colher (chá) de sal grosso
½ colher (chá) de mostarda forte em pó
3 colheres (sopa) de salsa picada

- Espalhe as batatas cortadas em cunhas numa assadeira grande e regue com o azeite. Misture bem para untá-las ligeiramente. Salpique o sal grosso e a mostarda em pó e misture novamente. Leve ao forno preaquecido a 220 °C durante 20 minutos. Paralelamente, tempere a carne com sal e pimenta.
- Amarre a carne com barbante culinário, formando anéis a cada 20 cm, para manter a forma cilíndrica. Enquanto isso, derreta a manteiga numa frigideira grande e sele a carne rapidamente em fogo alto, virando frequentemente, até dourar por inteiro. Transfira para uma tábua. Misture as mostardas e as ervas e espalhe sobre a carne. Coloque a carne numa assadeira: pode ser a mesma assadeira das batatas, se houver espaço, e leve ao forno por 15 minutos, até ficar cozida, mas ainda rosada no centro.
- Corte a carne em fatias grossas e sirva com as batatas misturadas com salsa picada. Se preferir, acompanhe com uma salada simples.

---

10 Filés de minuto com molho de rúcula

No processador bata 50 g de folhas de rúcula (reserve algumas para finalizar), 4 colheres (sopa) de molho de raiz-forte, 1 dente de alho, 1 colher (chá) de mostarda de Dijon e 200 ml de creme de leite fresco. Aqueça 1 colher (sopa) de azeite numa frigideira e grelhe 4 bifes finos de contrafilé com cerca de 150 g cada temperados com sal, em fogo alto, por 1-2 minutos de cada lado. Deixe o molho descansar. Regue os bifes com o molho e finalize com as folhas de rúcula. Sirva com batatas assadas.

20 Bifes em crosta de pimenta e mostarda com abóbora

Coloque 350 g de fatias de abóbora-paulista numa assadeira e misture com 2 colheres (sopa) de azeite e meia colher (chá) de sal grosso. Leve ao forno preaquecido a 220 °C durante 15-17 minutos, até dourar. Enquanto isso, pincele com azeite 4 bifes de contrafilé com cerca de 175 g cada já temperados com sal. Misture 3 colheres (sopa) de grãos de pimenta-do-reino amassados com 3 colheres (sopa) de mostarda de Dijon e envolva os bifes. Coloque numa grelha preaquecida em temperatura alta por 6-8 minutos, virando uma vez. Deixe descansar por 5 minutos antes de servir com a abóbora crocante, uma colherada de maionese e salada de folhas.

30 Jambalaia de frango e linguiça com pimentões

4 porções

175 g de arroz longo
1 colher (sopa) de azeite
250 g de linguiça defumada cortada em pedaços
1 cebola picada
375 g peito de frango desossado e sem pele cortado em pedaços
1 pimentão vermelho sem sementes picado
1 pimentão verde sem sementes picado
1 pimentão amarelo sem sementes picado
2 talos de aipo picados
1 colher (sopa) de farinha de milho
600 ml de caldo de frango
400 g de tomate em lata picado
sal e pimenta-do-reino moída na hora
4 colheres (sopa) de salsa picada

- Numa panela com água e um pouco de sal, cozinhe o arroz durante 15 minutos, até ficar macio, e escorra.
- Enquanto isso, aqueça o azeite numa frigideira grande e refogue a linguiça, a cebola e o frango em fogo médio até dourar, mexendo de vez em quando, durante 10 minutos. Adicione os pimentões e o aipo e cozinhe por mais 5 minutos, mexendo de vez em quando.
- Em outro recipiente, misture 2 colheres (sopa) de água com a farinha de milho e adicione à frigideira com os tomates até levantar fervura. Reduza bem o fogo e cozinhe por 5 minutos antes de adicionar o arroz cozido. Tempere generosamente com pimenta.
- Sirva salpicado com a salsa. Pode ser acompanhado de fatias de pão levemente tostadas e salada.

10 Jambalaia ao estilo crioulo Aqueça 1 colher (sopa) de azeite numa panela e refogue 1 cebola picada em fogo médio, mexendo de vez em quando, durante 5 minutos. Adicione 200 g de linguiça fatiada, 4 filés de peito de frango com cerca de 150 g cada pré-cozidos e desfiados e 1 colher (chá) de tempero pronto créole ou cajun. Cozinhe por 1 minuto. Adicione 350 g de molho de tomate, 100 ml de caldo de frango e 600 g de arroz misturado com ovos fritos. Mexa, deixe aquecer, tempere e sirva.

20 Jambalaia de frango cajun Coloque 4 peitos de frango desossados e sem pele com cerca de 150 g cada num saco culinário com 1 colher (sopa) de tempero cajun e misture bem, até o frango ficar coberto por igual com a especiaria. Cozinhe cada lado em grelha preaquecida em temperatura alta durante 6 minutos. Enquanto isso, aqueça 500 g de arroz longo pré--cozido, seguindo as instruções da embalagem, e coloque numa tigela grande. Adicione 250 g de abacaxi cortado em cubos, 25 g de coentro fresco bem picado, 3 cebolinhas picadas e 1 pimenta vermelha sem sementes bem picada. Misture bem e tempere. Fatie os peitos de frango e sirva com o arroz quente, uma colherada do molho por cima e iogurte natural.

30 Frango com raízes ao mel

4 porções

4 peitos de frango desossados com pele de cerca de 175 g cada
2 batatas grandes sem casca cortadas em pedaços grandes
6 mandioquinhas descascadas e cortadas em pedaços
6 cenouras descascadas e cortadas em pedaços
4 colheres (sopa) de azeite
75 g de mistura pronta para recheio de carnes (sabor à sua escolha)
2 alhos-porós limpos e cortados em pedaços
3 colheres (sopa) de mel
2 colheres (sopa) de salsa picada
sal e pimenta-do-reino moída na hora

- Arrume os peitos de frango numa assadeira grande com os pedaços de batata, mandioquinha e cenoura. Regue com o azeite e misture bem. Tempere com sal e pimenta e leve ao forno preaquecido a 220 °C por 20 minutos.
- Enquanto isso, prepare o recheio seguindo as instruções da embalagem e modele quatro almôndegas com ele.
- Coloque as almôndegas de recheio na assadeira, com o alho-poró e volte ao forno por mais 5-6 minutos, até o alho-poró ficar macio.
- Retire as bolas de recheio e os pedaços de frango da assadeira. Adicione o mel e a salsa aos legumes e misture delicadamente para untar. Sirva o frango e o recheio com os legumes assados.

---

10 Frango rápido com legumes ao mel Prepare 100 g de mistura pronta para recheio de carnes seguindo as instruções da embalagem e modele quatro bolas. Coloque em grelha preaquecida em temperatura alta, virando frequentemente, durante 3-4 minutos, até dourar. Enquanto isso, aqueça 2 colheres (sopa) de azeite numa frigideira grande e grelhe, em fogo alto, 750 g de seleta de legumes congelada durante 5 minutos. Adicione 4 filés de peito de frango sem pele pré-cozidos com cerca de 150 g cada e grosseiramente desfiados e aqueça por 2 minutos. Acrescente 3 colheres (sopa) de mel e 2 colheres (sopa) de salsa picada e misture delicadamente. Sirva o frango e os legumes acompanhados do recheio.

20 Enrolados de linguiça e presunto com legumes Embrulhe 8 linguiças toscanas em uma fatia de presunto cru cada. Asse numa assadeira grande em forno preaquecido a 200 °C por 5 minutos. Acrescente 750 g de legumes variados grelhados na assadeira, regue com azeite e asse por 8 minutos. Enquanto isso, prepare 100 g de mistura pronta para recheio de carnes seguindo as instruções da embalagem e modele bolas. Adicione à assadeira e asse por mais 6 minutos. Regue as linguiças e os legumes com vinagre balsâmico e sirva.

20 Legumes mediterrâneos salteados com cordeiro

4 porções

2 colheres (sopa) de azeite
250 g de filés de cordeiro
1 cebola cortada em fatias
2 abobrinhas grandes cortadas em pedaços
2 colheres (chá) de sementes de coentro, ligeiramente amassadas
½ colher (chá) de cominho em pó
½ colher (chá) de páprica em pó
1 pimentão vermelho cortado em pedaços
1 dente de alho fatiado
200 g de tomates-cereja
um punhado de coentro fresco picado
sal e pimenta-do-reino moída na hora
pão integral aquecido para acompanhar

- Corte os filés de cordeiro em fatias finas. Aqueça o azeite em uma frigideira grande ou wok e grelhe a carne com a cebola em fogo alto, salteando por 2-3 minutos, até que o cordeiro fique dourado, e a cebola, ligeiramente transparente. Adicione as abobrinhas e refogue por 2 minutos, até começarem a amaciar.
- Adicione os temperos e misture bem. Acrescente o pimentão e o alho e refogue em fogo médio por 4-5 minutos, até que todos os legumes comecem a ficar macios.
- Acrescente os tomates, tempere e deixe levantar fervura. Reduza bem o fogo e refogue durante 5 minutos, até que os legumes fiquem macios, mas ainda inteiros.
- Misture o coentro picado antes de servir com pão integral aquecido, para absorver todos os sabores do caldo.

10 Espetos de legumes e cordeiro

Corte 250 g de filés de cordeiro em pedaços, salpique 1 colher (chá) de cominho em pó e 1 colher (chá) de páprica e tempere com sal e pimenta-do-reino moída na hora. Coloque em espetos de metal, alternando com 2 abobrinhas grandes cortadas em pedaços e 225 g de tomates-cereja. Pincele com azeite e cozinhe em grelha preaquecida em temperatura alta por 8 minutos, virando uma vez, até dourarem e ficarem cozidos. Sirva com pão pita aquecido e molho tzatziki (molho de iogurte com hortelã e pepino).

30 Guisado de legumes mediterrâneos e cordeiro

Aqueça 2 colheres (sopa) de azeite em uma frigideira grande ou wok e grelhe em fogo alto 250 g de filés de cordeiro em fatias bem finas e 1 cebola grande, durante 2-3 minutos, até o cordeiro ficar dourado, e a cebola, ligeiramente amolecida. Adicione 2 abobrinhas grandes cortadas em pedaços e mexa durante 2 minutos. Acrescente 2 colheres (chá) de coentro em grãos ligeiramente amassados, meia colher (chá) de cominho em grãos e meia colher (chá) de páprica e misture bem. Adicione 1 pimentão vermelho, 1 verde e 1 amarelo, todos sem sementes e cortados em pedaços, sal e 1 dente de alho fatiado. Reduza o fogo e cozinhe em fogo médio por 4-5 minutos, até que os legumes comecem a ficar macios. Acrescente 225 g de tomates-cereja com 150 ml de caldo de cordeiro e deixe levantar fervura. Reduza bem o fogo e cozinhe por 15 minutos, mexendo de vez em quando.

20 Sanduíches de filés teriyaki com salada de broto de feijão

4 porções
375 g de contrafilé
2 colheres (sopa) de shoyu
1 colher (sopa) de óleo vegetal
1 colher (chá) de tempero 5 especiarias chinesas
2,5 cm de gengibre fresco ralado
1 ciabatta grande em 4 pedaços

Para a salada
100 g de broto de feijão
1 pimentão vermelho sem sementes cortado em fatias finas
4 colheres (sopa) de coentro fresco picado
1 colher (sopa) de óleo de gergelim
6 colheres (sopa) de geleia de pimenta

- Corte a carne em fatias bem finas no sentido das fibras. Numa tigela, misture o shoyu, o tempero chinês e o gengibre ralado sem a casca. Coloque a carne e misture bem. Tampe e deixe marinar por 5 minutos.
- Arrume as fatias de ciabatta numa assadeira e doure em forno preaquecido a 200 °C por 10 minutos.
- Enquanto isso, coloque todos os ingredientes da salada numa tigela separada e misture bem. Aqueça uma chapa ou uma frigideira grande, tire as fatias de carne da marinada e grelhe-as em partes, por 1 minuto de cada lado.
- Cubra a ciabatta aquecida com a carne e um pouco da salada por cima.

---

10 Sanduíches rápidos de carne com creme de raiz-forte Tempere 4 filés de alcatra com cerca de 150 g cada com sal e pimenta-do-reino moída na hora. Sele-os em chapa preaquecida em fogo alto por 3 minutos de cada lado. Separadamente, misture 100 g de creme de leite fresco, 4 colheres (sopa) de molho de raiz-forte e o suco de 1 limão-siciliano. Tempere. Corte os filés em tiras e recheie 8 pães. Adicione 1 colher do molho de raiz-forte e cebolas caramelizadas em cada um. Sirva com salada de agrião.

30 Sanduíches de carne ao estilo nova-iorquino Corte 300 g de carne bovina magra cozida em fatias bem finas. Para a salada, misture meio repolho roxo pequeno picado, meia cebola roxa em fatias finas, o suco de meio limão-siciliano, 1 colher (sopa) de azeite, um punhado de salsa picada, sal e pimenta-do-reino moída na hora. Para o molho, bata 4 colheres (sopa) de creme de leite fresco e a mesma quantidade de ketchup. Passe manteiga em oito fatias de pão de centeio, vire e espalhe na parte sem manteiga 1 colher (sopa) do molho. Sobre quatro fatias do pão, coloque 1 fatia de gruyère, divida a salada e as fatias de carne entre elas e salpique salsa. Cubra com as outras fatias de pão: o lado com manteiga para fora. Pressione bem e disponha os sanduíches em grelha preaquecida em fogo alto, até dourarem dos dois lados. Sirva com pepinos em conserva.

10 Arroz frito especial

4 porções

2 colheres (sopa) de óleo de gergelim
2 ovos batidos
8 fatias de bacon sem capa em pedaços
um punhado de cebolinhas picadas grosseiramente
100 g de camarões pequenos cozidos sem casca
100 g de ervilhas congeladas
250 g de arroz longo pré-cozido
sal e pimenta-do-reino moída na hora

- Aqueça 1 colher (sopa) de óleo numa frigideira grande, despeje os ovos formando uma camada fina e frite em fogo médio por 1-2 minutos, até dourar. Retire e corte em tiras.
- Adicione o restante do óleo à panela e frite o bacon e as cebolinhas, salteando em fogo alto por 2-3 minutos, até o bacon dourar. Coloque os camarões e as ervilhas e salteie por mais 1 minuto. Junte o arroz e mexa por 2-3 minutos, até aquecer.
- Acrescente as tiras de omelete ao arroz e aqueça por alguns segundos. Tempere com sal e pimenta e sirva imediatamente.

---

20 Salteado apimentado de carne

Salteado apimentado de carne Ferva água e um pouco de sal numa panela e cozinhe 200 g de arroz longo por 15 minutos, até ficar macio. Escorra. Enquanto isso, aqueça 1 colher (sopa) de óleo de gergelim em wok ou frigideira e salteie 300 g de carne bovina magra em fatias bem finas, por 3-4 minutos, até dourar. Adicione um punhado de cebolinha e salteie por mais 2 minutos. Acrescente 100 g de ervilhas frescas e salteie por mais 2 minutos. Junte 75 g de castanhas de caju picadas e torradas, 6 colheres (sopa) de coentro picado e 5 colheres (sopa) de geleia de pimenta. Salteie por 1 minuto. Adicione o arroz e cozinhe, incorporando-o, por mais 2 minutos.

30 Arroz frito com legumes

Arroz frito com legumes Ferva água e um pouco de sal numa panela e cozinhe 200 g de arroz longo por 15 minutos, até ficar macio. Escorra. Enquanto isso, aqueça 3 colheres (sopa) de azeite em wok ou frigideira e refogue em fogo alto 2 talos de aipo bem picados, 1 abobrinha partida ao meio e em fatias finas e 2 cenouras sem casca em fatias finas. Mexa de vez em quando, durante 10 minutos. Reserve. Aqueça 1 colher (sopa) de óleo de gergelim em outra frigideira, despeje os ovos, formando uma fina camada, acerte o sal e frite em fogo médio por 1-2 minutos, até dourar. Retire e corte em tiras. Adicione o arroz escorrido e as tiras de omelete aos legumes e aqueça, misturando bem. Pode ser servido com um pouco de shoyu.

30 Linguiça com maçãs e cebolas ao forno

4 porções

3 cebolas roxas fatiadas
3 maçãs fuji sem sementes cortadas em 6 cunhas cada
200 g de minicenouras
3 batatas sem casca em pequenos cubos
4 colheres (sopa) de azeite
12 linguiças de carne de porco
2 colheres (sopa) de sálvia picada
1 colher (sopa) de alecrim
3 colheres (sopa) de mel
sal e pimenta-do-reino moída na hora

- Coloque as fatias de cebola e de maçã numa assadeira grande e baixa, com as cenouras e as batatas. Regue com o azeite e misture bem para os legumes ficarem untados. Tempere generosamente com sal e pimenta-do-reino moída na hora. Arrume as linguiças entre os legumes, salpique as ervas e misture novamente.
- Asse em forno preaquecido a 200 °C por 20-22 minutos, até dourar.
- Retire do forno e regue com o mel. Misture bem e sirva.

---

10 **Salteado rápido de lombo, maçã e cebola** Corte 250 g de lombo de porco em fatias bem finas. Aqueça 2 colheres (sopa) de azeite em wok ou frigideira grande e salteie a carne em fogo alto por 2-3 minutos. Acerte o sal. Adicione 2 maçãs sem sementes e 2 cebolas roxas, ambas em fatias finas, e salteie por 3-4 minutos, até dourar. Adicione 1 colher (sopa) de sálvia picada ou alecrim e misture bem. Sirva em ciabatta aquecida com bastante mostarda de Dijon.

---

20 **Salteado de linguiça, maçã e cebola** Grelhe 12 linguiças de carne de porco em uma panela tipo grill preaquecida em temperatura alta durante 10-12 minutos, virando uma vez, até dourarem. Enquanto isso, aqueça 2 colheres (sopa) de azeite em wok ou frigideira grande e salteie 2 maçãs sem sementes e 2 cebolas roxas, ambas cortadas em fatias finas, durante 3-4 minutos, em fogo alto, até dourarem. Corte 200 g de minicenouras ao meio no sentido do comprimento e adicione-as com 2 colheres (sopa) de sálvia picada, salteando por mais 3 minutos. Acrescente 6 colheres (sopa) de caldo de carne, tampe e cozinhe por 3 minutos. Tempere a gosto. Tire as linguiças prontas da grelha, corte-as em fatias grossas e adicione-as com 3 colheres (sopa) de mel. Misture bem e sirva com pão levemente tostado.

30 Sobrecoxas de frango ao creme de limão-siciliano

Porções 4

8 sobrecoxas de frango desossadas
4 colheres (sopa) de folhas de tomilho
1 colher (sopa) de azeite
raspas e suco de 1 limão-siciliano
1 colher (sopa) de mostarda de Dijon
400 ml de creme de leite fresco
200 g de folhas de espinafre
sal e pimenta-do-reino moída na hora
arroz cozido ou purê de batatas para acompanhar

- Tempere as coxas de frango com sal e pimenta e envolva-as em folhas de tomilho espalhadas em uma tábua de cozinha. Aqueça o azeite numa frigideira grande e frite as coxas em fogo médio por 20 minutos, virando diversas vezes na primeira metade do tempo e tampando na metade seguinte.
- Adicione as raspas e o suco do limão e misture bem. Misture a mostarda e o creme de leite fresco e acrescente à frigideira, com as folhas de espinafre. Aqueça durante 2-3 minutos, até o espinafre murchar. Acerte o sal.
- Sirva com arroz ou purê de batatas.

---

10 Frango empanado com agrião, alcaparras, alho e limão--siciliano Pique grosseiramente 85 g de agrião, meio dente de alho e 1 colher (sopa) de alcaparras. Misture com as raspas e o suco de 1 limão-siciliano e tempere com sal e pimenta-do--reino moída na hora. Coloque a mistura num prato e empane 340 g de filezinho de peito de frango. Aqueça 2 colheres (sopa) de azeite numa frigideira grande, coloque o frango e o restante da mistura de agrião e grelhe em fogo médio por 3-4 minutos de cada lado, até o frango ficar dourado. Sirva com uma salada de cuscuz marroquino.

20 Tagliatelle com frango ao creme de limão-siciliano Numa panela grande com água fervente e sal, cozinhe 350 g de tagliatelle por 8-10 minutos, até ficar *al dente*. Aqueça 1 colher (sopa) de azeite numa frigideira grande e grelhe em fogo médio 4 peitos de frango de aproximadamente 150 g cada desossados, sem pele e em fatias finas, por 4-5 minutos, mexendo com frequência, até dourar. Adicione 150 g de ervilhas congeladas e aqueça delicadamente por 2 minutos. Acrescente 100 ml de suco de limão, 100 ml de creme de leite fresco e um punhado de manjericão picado grosseiramente. Acrescente a massa cozida, tempere com sal e pimenta-do--reino moída na hora e continue a aquecer, incorporando com cuidado. Sirva imediatamente com salada de folhas.

30 Torta de panela de bacon, cebola e ovos

4 porções

500 g de batata sem casca cortada em fatias grossas
2 colheres (sopa) de azeite
250 g de bacon sem capa picado grosseiramente
1 cebola grande fatiada
250 g de ricota
2 ovos
4 colheres (sopa) de salsa picada
600 ml de caldo de frango
sal e pimenta-do-reino moída na hora
salada para acompanhar (opcional)

- Numa panela grande com água fervente e um pouco de sal, cozinhe as batatas por 10 minutos.
- Enquanto isso, aqueça o azeite numa frigideira grande e frite o bacon e a cebola em fogo médio, mexendo com frequência durante 5 minutos, até dourar o bacon.
- Escorra bem as batatas, coloque-as na frigideira e frite por 2 minutos, mexendo com frequência, sem tomar cuidado para as batatas não quebrarem.
- Coloque colheradas de ricota sobre as batatas da frigideira. Bata os ovos e a salsa com o caldo. Tempere com pimenta e despeje sobre as batatas. Cozinhe em fogo baixo por 10 minutos e coloque sobre uma grelha preaquecida em temperatura alta por mais 2-3 minutos, até dourar.
- Sirva em pratos aquecidos com uma salada simples.

---

10 Omelete de linguiça, espinafre e cebola Coloque 400 g de folhas de espinafre num escorredor e despeje uma chaleira de água fervente sobre elas, até murcharem. Esfrie o espinafre sob água corrente fria e escorra bem. Aqueça 3 colheres (sopa) de azeite numa frigideira com cabo refratário e refogue 1 cebola picada e 100 g de linguiça fatiada em fogo médio, mexendo sempre, por 5 minutos. Bata 6 ovos grandes e adicione o espinafre. Despeje sobre a frigideira com a linguiça e cozinhe por 4 minutos. Leve ao forno preaquecido por 1 minuto para dourar a parte de cima.

20 Tortilha de bacon e cebola Cozinhe 560 g de batata e fatie. Aqueça 2 colheres (sopa) de azeite numa frigideira grande com cabo refratário e refogue em fogo médio 250 g de bacon sem capa cortado grosseiramente e 1 cebola fatiada. Mexa com frequência por 5 minutos. Adicione as batatas e refogue por 2 minutos. Não é necessário tomar cuidado para não quebrá-las. Bata 6 ovos, tempere e adicione 4 colheres (sopa) de salsa picada. Despeje os ovos sobre o bacon com as batatas e cozinhe em fogo baixo por 10 minutos. Rale 25 g de queijo manchego sobre a tortilha e leve ao forno preaquecido em temperatura alta, até dourar.

20 Tender ao molho de damasco com batatas na páprica

4 porções

500 g de batata descascada e cortada em cubos
4 fatias de tender sem gordura com cerca de 100 g cada
3 colheres (sopa) de óleo vegetal
1 cebola picada grosseiramente
400 g de damasco (ou pêssego) em calda escorrido (reservar a calda)
1 colher (chá) de canela em pó
2 colheres (chá) de páprica em pó
3 colheres (sopa) de salsa picada
sal e pimenta-do-reino moída na hora

- Numa panela grande com água fervente e um pouco de sal, cozinhe as batatas por 10 minutos. Escorra.
- Enquanto isso, grelhe o tender em uma panela tipo grill preaquecida ou no forno em temperatura alta por 5-6 minutos de cada lado.
- Enquanto as batatas e o tender cozinham, aqueça 1 colher (sopa) de óleo numa panela grande e refogue a cebola em fogo médio, mexendo com frequência, por 3-4 minutos. Adicione a calda do damasco e a canela e cozinhe em fogo alto por 3 minutos, até reduzir o líquido à metade. Retire do fogo e adicione o damasco. Bata toda a mistura no processador, até formar um molho de textura encorpada. Volte para a panela e aqueça um pouco, enquanto finaliza as batatas.
- Aqueça o restante do óleo numa frigideira grande e doure as batatas escorridas em fogo alto, mexendo com frequência por 2 minutos, até dourar e ficar crocante. Salpique a páprica, tempere com pimenta e misture a salsa.
- Coloque uma colherada de molho sobre o tender para servir, acompanhado das batatas na páprica.

---

10 Tender ao damasco Aqueça 2 colheres (sopa) de geleia de damasco numa panela. Adicione meia colher (chá) de cominho em pó e tempere com pimenta-do-reino moída na hora. Grelhe quatro fatias de tender com cerca de 100 g cada em uma panela tipo grill preaquecida ou no forno em temperatura alta, pincelando frequentemente com a geleia temperada, por 5-6 minutos de cada lado. Sirva com cuscuz marroquino.

30 Tender caramelizado com salada de trigo-sarraceno Ferva água numa panela, adicione 150 g de trigo-sarraceno e cozinhe por 8 minutos em fogo brando. Adicione 150 g de ervilhas congeladas e 2 alhos-porós cortados em fatias finas. Cozinhe em fogo brando por mais 3 minutos. Enquanto isso, para o caramelo, cozinhe numa panela em fogo brando o suco de 1 laranja, 2 colheres (sopa) de mel, 2 colheres (chá) de molho inglês e a mesma quantidade de mostarda de Dijon por 2 minutos. Grelhe quatro fatias de tender com cerca de 100 g cada em panela tipo grill preaquecida ou forno em temperatura alta durante 5-6 minutos de cada lado, pincelando frequentemente com o caramelo. Enquanto isso, escorra o trigo-sarraceno e os legumes, tempere e incorpore 2 colheres (sopa) de molho de hortelã. Corte as fatias de tender ao meio e sirva sobre uma camada de salada morna de trigo-sarraceno.

30 Peito de frango ao estilo coq au vin

4 porções

2 colheres (sopa) de farinha de trigo
4 peitos de frango desossados e sem pele com cerca de 150 g cada
2 colheres (sopa) de azeite
100 g de pancetta defumada ou bacon picado
2 cebolas roxas grandes em fatias
1 dente de alho fatiado
1 colher (sopa) de alecrim
300 g de champignons frescos inteiros
300 ml de caldo de frango
300 ml de vinho tinto
sal e pimenta-do-reino moída na hora

Para servir (opcional)
pão levemente tostado
vagens cozidas

- Coloque a farinha num prato e tempere bem com sal e pimenta. Empane suavemente os peitos de frango na farinha temperada.
- Aqueça 1 colher (sopa) de azeite numa frigideira grande e profunda e frite a pancetta e as cebolas em fogo médio, mexendo frequentemente por 4-5 minutos. Adicione o alho, o alecrim e os cogumelos e refogue por mais 2 minutos. Retire todos os ingredientes com uma escumadeira.
- Adicione a colher (sopa) restante de azeite à panela e grelhe o frango em fogo médio, virando de vez em quando, por 10 minutos, até dourar. Acrescente o caldo e o vinho e deixe levantar fervura. Retorne a pancetta, a cebola e o cogumelo para a panela, reduza o fogo, tampe e cozinhe por 7 minutos, até o frango ficar macio e completamente cozido. Retire a tampa e cozinhe por mais 3 minutos. Se desejar, sirva com pão e vagens cozidas.

---

10 Coq à farfalle Numa panela grande com água fervente e sal, cozinhe 200 g de farfalle por 8-10 minutos.Escorra. Enquanto isso, aqueça 1 colher (sopa) de azeite numa frigideira grande e grelhe em fogo alto 4 peitos de frango desossados temperados com cerca de 150 g cada, 100 g de pancetta defumada picada e 1 cebola roxa em fatias finas. Mexa durante 6-7 minutos, até o frango ficar dourado. Adicione 200 ml de creme de leite fresco e 1 colher (sopa) de mostarda extraforte. Acrescente a massa e misture.

20 Coq au vin rápido Corte 4 peitos de frango desossados e sem pele com cerca de 150 g cada em tiras finas e empane em 2 colheres (sopa) de farinha de trigo temperada com sal e pimenta-do-reino moída na hora. Aqueça 2 colheres (sopa) de azeite numa frigideira grande e grelhe as tiras de frango, 110 g de pancetta defumada picada, 2 cebolas roxas grandes picadas, 1 dente de alho fatiado, 1 colher (sopa) de folhas de tomilho e 300 g de champignons frescos pequenos em fogo médio, mexendo frequentemente durante 10 minutos, até o frango ficar grelhado e os legumes, macios. Despeje 300 ml de caldo de frango e a mesma quantidade de vinho tinto; deixe levantar fervura. Cozinhe em fogo brando por 5 minutos. Sirva com pão levemente tostado.

30 Curry rústico de cordeiro e batata

4 porções

2 colheres (sopa) de óleo vegetal
1 cebola grande picada grosseiramente
625 g de cordeiro magro cortado em cubos
1 pimenta verde pequena picada grosseiramente (opcional)
4 colheres (sopa) de pasta de curry amarelo
800 g de tomate pelado em lata picado
300 ml de caldo de cordeiro ou frango
2 batatas com casca cortadas em cubos
50 g de coentro fresco picado
150 g de iogurte natural
sal e pimenta-do-reino moída na hora

- Aqueça o azeite numa frigideira grande e refogue a cebola e o cordeiro em fogo alto, mexendo frequentemente durante 5 minutos, até o cordeiro dourar por inteiro.
- Adicione a pimenta, se for usar, e mexa por 1 minuto. Junte a pasta de curry e refogue por mais 2 minutos. Acrescente os tomates, o caldo e as batatas e deixe levantar fervura. Reduza bem o fogo, tempere com sal e pimenta, tampe e deixe cozinhar por 10 minutos. Retire a tampa e cozinhe por mais 10 minutos, até o cordeiro ficar cozido, e as batatas, macias.
- Retire do fogo, salpique o coentro e adicione colheradas de iogurte. Incorpore e sirva.

10 Curry simples de frango com naan Aqueça 1 colher (sopa) de óleo vegetal numa panela grande e grelhe 3 peitos de frango desossados e temperados, sem pele e finos com cerca de 175 g cada, em fogo alto, mexendo por 3 minutos. Adicione 400 g de pasta de curry amarelo e 1 tomate picado e deixe levantar fervura. Acrescente 200 g de folha de espinafre. Reduza bem o fogo e cozinhe por 5 minutos ou até o frango ficar cozido. Antes de servir, toste ligeiramente algumas unidades de naan ou pita.

20 Curry de frango e batata Aqueça 2 colheres (sopa) de óleo vegetal numa frigideira grande e grelhe em fogo alto 3 peitos de frango desossados e sem pele com cerca de 175 g cada fatiados grosseiramente e 8 batatas cortadas em fatias finas. Mexa frequentemente durante 5 minutos. Adicione 4 colheres (sopa) de pasta de curry amarelo e refogue por 1 minuto. Adicione 400 g de tomate pelado em lata picado e 400 ml de leite de coco. Deixe levantar fervura. Reduza o fogo, acerte o sal e cozinhe mexendo de vez em quando, por 10 minutos. Sirva salpicado com coentro fresco.

20 Hambúrguer de cogumelo e queijo com molho de pepino

4 porções

500 g de carne moída
1 colher (chá) de páprica
4 cebolinhas em fatias finas
1 gema
1 colher (chá) de mostarda forte
1 colher (sopa) de azeite
4 champignons frescos fatiados
4 pães de hambúrguer integrais
4 fatias de emmental ou gruyère

Para o molho

¼ de pepino picado
2 colheres (sopa) de coentro fresco picado
sal e pimenta-do-reino moída na hora

- Numa tigela, coloque a carne moída, a páprica, a cebolinha, a gema e a mostarda. Misture tudo até ficar bem homogêneo. Modele quatro hambúrgueres.
- Coloque os hambúrgueres em uma panela tipo grill preaquecida ou no forno em temperatura alta por 10 minutos, virando uma vez, até ficarem dourados.
- Enquanto isso, aqueça o azeite numa frigideira grande e refogue os cogumelos em fogo alto, mexendo com frequência por 5 minutos, até dourarem. Faça o molho misturando o pepino e o coentro e tempere com sal e pimenta.
- Corte os pães, sirva um hambúrguer em cada com uma fatia de queijo por cima. Coloque os cogumelos e uma colherada do molho de pepino.

---

10 Mini-hambúrguer rápido e saudável Misture bem 300 g de carne moída magra, 50 g de farinha de rosca integral, 50 g de cenoura ralada, 1 cebola pequena ralada, 1 dente de alho amassado, um punhado de salsa picada e 2 colheres (chá) de molho inglês. Modele 8 pequenos hambúrgueres e coloque em uma panela tipo grill preaquecida ou no forno em temperatura média por 3 minutos de cada lado. Sirva em pequenos pães integrais cortados ao meio com uma colherada de molho de tomate pronto.

30 Hambúrguer de cogumelo e carne com manteiga de estragão Misture 125 g de manteiga amolecida com 2 colheres (sopa) de mostarda de Dijon, 1 colher (sopa) de estragão seco picado, suco de meio limão, sal e pimenta-do-reino moída na hora. Coloque 4 champignons paris grandes numa assadeira, preencha os espaços com a manteiga de estragão e regue com azeite. Cubra com papel-alumínio e leve ao forno preaquecido a 200 °C por 20 a 25 minutos, regando de vez em quando. Enquanto isso, misture bem 500 g de carne moída, 2 cebolinhas picadas, 1 gema, sal e pimenta-do-reino moída na hora. Modele 4 hambúrgueres e coloque em panela tipo grill preaquecida ou forno em temperatura alta por 10 minutos, virando uma vez, até dourarem. Monte cada hambúrguer num pãozinho integral com uma fatia de emmental ou gruyère, os cogumelos por cima, regados com a manteiga de estragão. Pode ser servido com salada verde.

30 Frango cajun com quinoa e damasco

4 porções
600 ml de caldo de frango
100 g de quinoa
100 g de damascos secos picados
3 peitos de frango desossados e sem pele com 175 g cada
2 colheres (chá) de tempero cajun
2 colheres (sopa) de azeite
2 cebolas roxas cortadas à juliana
2 maços de cebolinha picados
6 colheres (sopa) de coentro fresco picado
sal

Para servir
coalhada fresca ou iogurte natural
pão levemente tostado (opcional)

- Coloque o caldo numa panela e deixe levantar fervura. Adicione a quinoa e cozinhe em fogo baixo por 10 minutos. Acrescente os damascos e cozinhe por mais 5 minutos.
- Enquanto isso, numa tigela, misture bem o frango cortado em fatias finas, o tempero cajun e sal. Aqueça o azeite numa frigideira grande e refogue o frango e as cebolas em fogo médio, mexendo com frequência durante 10 minutos, até o frango ficar bem dourado. Adicione a cebolinha e refogue por mais 1 minuto.
- Escorra a quinoa com os damascos. Adicione à mistura do frango e incorpore bem. Misture o coentro picado e sirva com colheradas de coalhada fresca e pão, se preferir.

---

10 Frango com damasco fresco e lentilhas Aqueça 1 colher (sopa) de azeite numa frigideira e refogue 1 cebola roxa bem picada em fogo médio, mexendo com frequência, por 5 minutos. Adicione 4 colheres (sopa) de vinagre de vinho tinto e refogue por 30 segundos. Acrescente 250 g de lentilha cozida, 4 damascos frescos picados, 4 colheres (sopa) de coentro fresco picado e a mesma quantidade de hortelã fresca picada. Adicione 4 filés de peito de frango cozidos e desfiados com cerca de 150 g cada e aqueça por 1 minuto. Antes de servir, misture 50 g de rúcula.

20 Frango glaceado com damasco fresco e quinoa Ferva 600 ml de caldo de frango numa panela, adicione 100 g de quinoa e cozinhe em fogo brando por 15 minutos. Enquanto isso, misture 3 colheres (sopa) de geleia de damasco com 4 colheres (chá) de mostarda extraforte. Fatie 4 peitos de frango sem pele e desossados, com cerca de 150 g cada. Tempere com sal, coloque numa assadeira e pincele com metade da geleia com mostarda. Coloque em uma panela tipo grill preaquecida em temperatura alta por 4-5 minutos, vire, pincele com o restante da geleia e grelhe por mais 4-5 minutos. Pique 4 damascos frescos e misture com 4 cebolinhas picadas, 3 colheres (sopa) de vinagre de vinho branco e 1 colher (chá) de cominho em pó. Escorra a quinoa cozida, incorpore na mistura de damasco e sirva com o frango. Para finalizar, salpique mais cebolinha picada.

20 Pato salteado com vagem e arroz de laranja

4 porções

200 g de arroz longo
2 colheres (sopa) de óleo de gergelim
1 cebola roxa cortada à juliana
4 peitos de pato desossados e com pele com cerca de 150 g cada cortados em tiras
1 maço de cebolinha cortada em pedaços de 2,5 cm
175 g de vagem
raspas e suco de 1 laranja
2 colheres (sopa) de shoyu
1 colher (sopa) de açúcar mascavo
sal

- Numa panela grande, ferva água com um pouco de sal e cozinhe o arroz por 15 minutos, até ficar macio. Escorra e mantenha aquecido.
- Enquanto isso, aqueça em fogo médio o óleo em wok ou frigideira grande e salteie a cebola roxa durante 5 minutos. Adicione as tiras de pato e salteie por 5 minutos, até ficarem quase cozidas. Acrescente a cebolinha e as vagens e salteie por 2 minutos, em fogo alto.
- Adicione o arroz escorrido e incorpore. Numa tigela, misture as raspas e o suco da laranja, o shoyu e o açúcar. Despeje na mistura do pato e mexa bem, para deixar o molho bem distribuído no prato. Sirva imediatamente em pratos aquecidos.

10 **Pato com macarrão de arroz** Aqueça em fogo médio, 2 colheres (sopa) de óleo de gergelim em wok ou frigideira grande e grelhe 4 peitos de pato com cerca de 150 g cada cortados em fatias grossas, salteando por 5 minutos. Adicione um maço de cebolinha cortado em pedaços de 2,5 cm e 175 g de vagem. Salteie em fogo alto por 2 minutos. Junte 300 g de macarrão de arroz pré-cozido e 6 colheres (sopa) de molho hoisin e aqueça por 2 minutos.

30 **Peito de pato com laranja** Aqueça 1 colher (sopa) de óleo de gergelim em wok ou frigideira grande e grelhe 4 peitos de pato desossados com cerca de 150 g cada com a pele para baixo e em fogo alto por 5 minutos. Vire e grelhe por mais 2 minutos. Transfira para uma assadeira rasa. Coloque 3 colheres (sopa) de geleia de laranja e a mesma quantidade de suco de laranja na frigideira ou wok e refogue por alguns segundos, mexendo para soltar. Despeje a mistura sobre os peitos de pato e leve ao forno preaquecido a 200 °C. Enquanto isso, prepare o arroz. Numa panela grande ferva água com um pouco de sal e cozinhe 200 g de arroz longo por 15 minutos; escorra. Aqueça 2 colheres (sopa) de óleo de gergelim em wok ou frigideira limpa, adicione um maço de cebolinha picada e 175 g de vagem. Refogue por 2 minutos. Acrescente o arroz e misture bem. Sirva com os peitos de pato.

20 Filés de cordeiro com cogumelos e molho de espinafre

4 porções

2 colheres (sopa) de azeite
2 peças de filé de cordeiro com cerca de 250 g cada

Para o molho

15 g de manteiga
250 g de champignons frescos cortados ao meio
100 g de cogumelos portobelo frescos cortados ao meio
1 cebola pequena bem picada
½ colher (chá) de páprica picante em pó
3 colheres (sopa) de conhaque
300 ml de creme de leite fresco
250 g de espinafre
sal e pimenta-do-reino moída na hora

- Aqueça 1 colher (sopa) de azeite numa frigideira grande e sele o cordeiro em fogo alto por 1-2 minutos, virando com frequência, até dourar. Abaixe o fogo e deixe grelhar lentamente enquanto prepara o molho.
- Derreta a manteiga com o restante do azeite em outra frigideira grande e refogue os cogumelos e a cebola em fogo alto, mexendo com frequência, por 5 minutos. Adicione sal, pimenta e a páprica e refogue por 1 minuto. Acrescente o conhaque e cozinhe por alguns segundos, até o álcool evaporar. Retire a panela do fogo e adicione o creme de leite e o espinafre.
- Leve a frigideira novamente ao fogo, misture e cozinhe em fogo baixo por 3-4 minutos, até que o espinafre tenha murchado, e o molho, aquecido.
- Corte o cordeiro em fatias grossas, arrume numa travessa aquecida e coloque colheradas generosas do molho de cogumelo com espinafre por cima, ou sirva com o molho em uma tigela a parte.

---

10 **Filés rápidos de cordeiro com cogumelos cremosos** Grelhe 4 filés de cordeiro com cerca de 150 g cada temperados com sal e pimenta-do-reino em grelha preaquecida em temperatura alta por 4-5 minutos de cada lado. Enquanto isso, coloque 3 colheres (sopa) de conhaque numa panela com 300 g de champignons escorridos e aqueça por cerca de 3 minutos, até ferver. Reduza bem o fogo, adicione 300 ml de creme de leite e mexa até aquecer. Não deixe ferver. Sirva com o molho por cima dos filés de cordeiro.

---

30 **Almôndegas de cordeiro com cogumelos e molho de espinafre** Numa tigela, misture 500 g de paleta de cordeiro moída, 2 colheres (chá) de pasta de alho e meia colher (chá) de páprica. Molde 12 almôndegas. Aqueça uma frigideira grande untada com azeite, coloque as almôndegas e grelhe em fogo médio, virando com frequência. Enquanto isso, faça o molho de cogumelos e espinafre como na receita acima. Sirva as almôndegas regadas com o molho.

30 Paella de frango e camarão

4 porções

2 colheres (sopa) de azeite
2 peitos de frango sem pele com cerca de 150 g cada cortados em tiras
1 cebola grande
100 g de linguiça defumada picada
1 pimentão vermelho picado
1 pimentão verde picado
2 colheres (chá) de páprica
pistilos de açafrão
250 g de arroz arbóreo
900 ml de caldo quente de frango
4 tomates picados
125 g de vagem
100 g de ervilhas descongeladas
200 g de camarões grandes descascados cozidos
sal e pimenta-do-reino moída na hora

- Aqueça o azeite em wok ou frigideira grande e grelhe o frango e a cebola cortada em fatias finas em fogo médio, mexendo com frequência, por 5 minutos, até o frango dourar, e a cebola ficar macia. Adicione a linguiça e os pimentões e refogue, por 3 minutos.
- Junte a páprica e o açafrão e mexa bem. Acrescente o arroz e incorpore bem para cobrir os grãos com as especiarias. Tempere com um pouco de sal e pimenta. Adicione o caldo e os tomates e deixe levantar fervura. Reduza bem o fogo, tampe e deixe cozinhar por 10 minutos, mexendo de vez em quando e adicionando mais água ou caldo se necessário, até o arroz ficar macio.
- Misture as vagens, as ervilhas e os camarões e cozinhe por mais 5 minutos. Sirva imediatamente.

---

10 Pilaf de frango e camarão Aqueça 2 colheres (sopa) de azeite em uma frigideira ou wok e grelhe em fogo médio 2 peitos de frango sem pele com cerca de 150 g cada, temperados com sal e pimenta e cortados em tiras finas, 100 g de linguiça defumada picada e 1 pimentão vermelho picado. Refogue por 5-6 minutos, até o frango ficar grelhado. Adicione 500 g de arroz pré-cozido, 4 tomates frescos picados e 100 g de ervilhas descongeladas. Cozinhe em fogo alto, mexendo por 3 minutos. Sirva com salsa picada.

20 Risoto de frango e camarão Coloque 250 g de arroz arbóreo ou arroz para paella numa frigideira grande com alguns pistilos de açafrão, meia colher (chá) de sal e 1 colher (sopa) de azeite. Cozinhe em fogo médio, mexendo sempre, durante 1 minuto. Adicione 1,2 litro de caldo de frango, tempere a gosto e deixe levantar fervura. Reduza o fogo e cozinhe por 15 minutos, até o frango ficar macio. Enquanto isso, numa frigideira separada, refogue em fogo médio 1 pimentão vermelho picado, 1 cebola picada, 100 g de linguiça defumada picada e 2 peitos de frango desossados e sem pele com cerca de 150 g cada. Mexa com frequência durante 10 minutos, até o frango ficar cozido. Adicione 1 colher (chá) de páprica e misture ao arroz, com 175 g de ervilhas descongeladas e 100 g de camarões cozidos sem casca. Cozinhe por 5 minutos, tempere bem com pimenta-do-reino moída na hora. Pode ser servido com parmesão ralado.

10 Bisteca de porco glaceada com mel e purê de espinafre

4 porções

1 colher (sopa) de mel
1 colher (sopa) de mostarda extraforte
4 bistecas de porco com cerca de 175 g cada
100 g de purê de batata instantâneo
3 colheres (sopa) de creme de leite fresco
50 g de manteiga
200 g de folhas de espinafre
sal e pimenta-do-reino moída na hora

- Misture o mel e a mostarda e pincele as bistecas. Coloque em uma panela tipo grill preaquecida ou forno em temperatura média até ficarem cozidas.
- Enquanto isso, prepare o purê de batata instantâneo seguindo as instruções da embalagem. Tempere com sal e pimenta e misture o creme de leite fresco. Derreta a manteiga numa panela grande e refogue o espinafre em fogo médio, mexendo por 2 minutos, até murchar.
- Misture o espinafre ao purê de batata e sirva com as bistecas de porco.

20 Bisteca com mostarda cremosa e purê instantâneo

Bisteca com mostarda cremosa e purê instantâneo Aqueça 2 colheres (sopa) de azeite numa frigideira grande e grelhe em fogo médio 4 bistecas de porco e 2 cebolas roxas, cortadas à juliana. Mexa de vez em quando, durante 7-8 minutos, até a carne dourar. Adicione 150 ml de sidra e ferva por 2 minutos, até que o líquido reduza à metade. Acrescente 200 ml de creme de leite fresco e 1 colher (sopa) de mostarda. Tempere com sal e pimenta-do-reino moída na hora. Aqueça por 2-3 minutos e adicione 3 colheres (sopa) de salsa picada. Sirva com purê de batata instantâneo, preparado conforme as instruções da embalagem.

30 Carne de porco glaceada com purê de espinafre

Carne de porco glaceada com purê de espinafre Aqueça 1 colher (sopa) de óleo vegetal numa frigideira grande e refogue em fogo médio 500 g de carne de porco moída com 1 cebola picada. Mexa com frequência, durante 10 minutos, até dourar. Adicione 270 ml de suco de maçã e 3 colheres (sopa) de sálvia picada. Refogue por mais 5 minutos. Tempere bem e transfira para uma travessa grande e rasa. Derreta 25 g de manteiga numa panela e refogue 200 g de folhas de espinafre em fogo médio, mexendo durante 2 minutos, até murcharem. Adicione 2 embalagens de 500 g de purê de batata pronto e coloque a mistura sobre a carne. Leve ao forno preaquecido por 5 minutos, até borbulhar e dourar. Sirva a seguir.

30 Espetos de carne asiáticos com molho satay

4 porções

350 g de picanha ou contrafilé
6 colheres (sopa) de shoyu
2 colheres (sopa) de óleo de gergelim
2 colheres (sopa) de vinagre de arroz
1 colher (sopa) de açúcar mascavo
2,5 cm de gengibre fresco ralado
1 dente de alho amassado
legumes crus, como cenouras, vagens e pepinos
sal

Para o molho

6 colheres (sopa) de pasta de amendoim
3 colheres (sopa) de shoyu
1 pimenta vermelha picada
150 ml de água fervente

- Corte a carne em tiras finas e longas. Numa tigela não metálica, misture o shoyu, o óleo, o vinagre, o açúcar, o gengibre e o alho. Adicione a carne e misture bem para envolver toda a carne. Acerte o sal, cubra e deixe marinar por 15 minutos.
- Enquanto isso, aqueça todos os ingredientes do molho numa panela em fogo baixo, mexendo constantemente com uma colher de pau, até a mistura engrossar e ficar homogênea. Transfira para uma tigela de servir e coloque sobre uma travessa com os legumes.
- Espete a carne em oito espetos de metal ou de bambu hidratados por 30 minutos em água fria e coloque em grelha preaquecida em temperatura alta por 2 minutos de cada lado, até dourar.
- Transfira para a travessa com o molho e os legumes cortados em tiras e sirva imediatamente.

10 Filé teriyaki em camas de alface

Corte 350 g de contrafilé em fatias finas e misture com 2 colheres (sopa) de teriyaki pronto. Deixe marinar. Numa tigela separada, corte meio pepino em cubos e misture com 2 colheres (sopa) de coentro picado, 1 colher (chá) de pimenta-calabresa em flocos e o suco de 1 limão. Aqueça 1 colher (chá) de óleo vegetal numa frigideira e grelhe a carne em fogo alto por 1 minuto de cada lado. Coloque a mistura de pepino em 8 folhas de alface romana, posicione a carne por cima e finalize com cebolinha picada.

20 Espetinhos de peru com satay

Disponha em oito espetos de metal 500 g de peito de peru cortado em cubos, 1 pimentão vermelho sem sementes cortado em pedaços médios e 250 g de abacaxi fresco em pedaços, alternando os ingredientes. Misture 200 ml de leite de coco com 145 ml de molho satay e 250 ml de suco do abacaxi e acerte o sal. Regue cada espetinho com cerca de 2 colheres (sopa) desse molho. Coloque em uma panela tipo grill preaquecida em temperatura alta por 2 minutos cada lado. Enquanto isso, aqueça o restante do molho satay e adicione 20 g de coentro fresco picado. Sirva os espetinhos regados com o molho quente e salpicados com manjericão picado, sobre uma base de talharim cozido.

20 Cordeiro e legumes assados com grão-de-bico

4 porções

1 colher (sopa) de azeite
8 costeletas de cordeiro
1 berinjela cortada em cubos
1 cebola roxa grande cortada em pedaços
2 abobrinhas cortadas em pedaços
1 pimentão vermelho sem sementes cortado em pedaços
1 pimentão amarelo sem sementes cortado em pedaços
375 g de tomate cortado em quatro
1 colher (chá) de cominho em pó
1 colher (chá) de sementes de coentro em pó
250 g de grão-de-bico pré-cozido escorrido
3 colheres (sopa) de sementes de abóbora

- Aqueça o azeite numa frigideira grande e sele o cordeiro em fogo alto por 1 minuto de cada lado, até dourar. Com uma escumadeira, transfira para uma assadeira grande, reservando os sucos do cozimento na frigideira. Leve ao forno preaquecido a 220 °C.
- Adicione a berinjela, a cebola, as abobrinhas e os pimentões à frigideira e refogue em fogo alto durante 5 minutos. Adicione os tomates e refogue, mexendo por mais 2 minutos.
- Coloque todos os legumes na assadeira com o cordeiro, adicione as especiarias, grão-de-bico e sal e misture bem. Volte a assadeira para a grade mais alta do forno por mais 10 minutos ou até o cordeiro assar.
- Salpique as sementes de abóbora antes de servir.

10 Cordeiro e legumes salteados ao estilo marroquino Aqueça 1 colher (sopa) de azeite numa frigideira e refogue 375 g de filés de cordeiro, 1 pimentão vermelho e 1 amarelo sem sementes em pedaços e 2 abobrinhas picadas em fogo alto, por 8 minutos, mexendo com frequência, até a carne ficar cozida. Junte um pouco de pasta de alho, 1 colher (chá) de cominho em pó, a mesma quantidade de coentro em pó e 400 g de tomate pelado em lata picado. Misture bem e cozinhe por mais 2 minutos.

30 Cordeiro e legumes assados com grão-de-bico ao pesto Prepare a receita como acima, mas, em vez de temperar o cordeiro e os legumes com cominho e coentro, faça seu próprio pesto. Bata no processador um punhado de folhas de manjericão, 3 colheres (sopa) de azeite, o suco de 1 limão-siciliano, 25 g de parmesão fresco ralado e 75 g de pinholes, até ficar homogêneo. Misture o pesto na assadeira com o cordeiro, os legumes e o grão-de-bico e asse como na receita acima.

30 Almôndegas de peru com molho de tomate e ervas

4 porções

500 g de peito de peru moído
50 g de farinha de rosca
4 cebolinhas picadas
1 colher (sopa) de páprica em pó
6 colheres (sopa) de salsa picada
2 colheres (sopa) de azeite
1 cebola bem picada
800 g de tomate pelado em lata
3 colheres (sopa) de pasta de tomate seco
2 colheres (sopa) de cebolinha-francesa
pimenta-do-reino moída na hora
arroz, talharim ou purê de batatas para acompanhar

- Misture bem o peru moído, a farinha de rosca, as cebolinhas, a páprica e 3 colheres (sopa) de salsa. Modele cerca de 20-24 almôndegas.
- Aqueça 1 colher (sopa) de azeite numa frigideira grande e grelhe as almôndegas em fogo médio por 20 minutos, virando com frequência, até cozinharem e dourarem.
- Enquanto isso, aqueça a colher (sopa) restante do azeite em outra frigideira e refogue a cebola em fogo médio, mexendo com frequência, por 2-3 minutos, até amolecer. Adicione o tomate e a pasta de tomate seco e tempere com pimenta. Deixe levantar fervura, mexendo constantemente. Diminua bem o fogo e cozinhe por 10 minutos, até o molho reduzir um pouco e engrossar.
- Misture o restante da salsa, as folhas de cebolinha e as almôndegas cozidas. Sirva acompanhado de arroz, talharim ou purê de batata.

---

10 Almôndegas de grão-de-bico e ervas

10 Almôndegas de grão-de-bico e ervas No processador, bata 75 g de parmesão picado, 50 g de farinha de rosca, 1 ovo, 250 g de grão-de-bico cozido sem o caldo, 2 dentes de alho, 1 colher (chá) de orégano e algumas folhas de manjericão. Modele 16 almôndegas. Aqueça 2 colheres (sopa) de azeite numa frigideira e frite as almôndegas, virando com frequência, por 5-6 minutos, até dourarem por inteiro. Enquanto isso, aqueça 350 ml de molho arrabbiata pronto. Sirva as almôndegas sobre uma massa, com o molho por cima.

20 Almôndegas ao estilo marroquino

Aqueça 1 colher (sopa) de azeite numa frigideira grande e frite 350 g de almôndegas de carne prontas em fogo médio, virando com frequência, durante 10 minutos. Retire as almôndegas da panela, coloque 1 cebola grande fatiada e refogue por 5 minutos. Adicione 100 g de damascos secos picados, 1 colher (chá) de canela em pó, meia colher (chá) de cominho em pó e 400 g de tomate pelado em lata picado. Volte as almôndegas para a panela e deixe levantar fervura. Abaixe o fogo e cozinhe por 5 minutos. Acerte o sal. Sirva acompanhado de cuscuz marroquino, salpicado de coentro fresco e um punhado de amêndoas em lâminas torradas.

30 Escalope de porco com prosciutto

4 porções

4 filés de carne de porco com cerca de 275 g cada
1 ovo batido
100 g de farinha de rosca
2 colheres (sopa) de salsa picada
4 colheres (sopa) de azeite
4 fatias finas de prosciutto
4 fatias finas de gruyère
pimenta-do-reino moída na hora

Para acompanhar (opcional)
salada verde
pão levemente tostado

- Coloque os filés de porco entre 2 folhas de filme de PVC levemente untadas e pressione com um rolo de macarrão, até que a espessura seja reduzida quase à metade, e a carne fique com quase o dobro de tamanho. Coloque o ovo batido numa tigela rasa. Num prato, misture a farinha de rosca com a salsa e tempere com pimenta-do-reino.
- Mergulhe os escalopes de porco no ovo e empane na farinha de rosca com ervas.
- Aqueça o azeite numa frigideira e frite a carne em fogo alto por 1-2 minutos de cada lado, até dourar levemente. Transfira para uma assadeira e coloque uma fatia de prosciutto em cima de cada bife e, depois, uma fatia de gruyère.
- Leve ao forno preaquecido a 200 °C por 10 minutos, até assar e derreter o queijo. Pode ser servido com uma salada verde simples ou pão tostado.

---

10 Escalope de porco com sálvia e mostarda Afine 4 filés de porco de cerca de 275 g cada como na receita acima. Envolva cada um com uma fatia de bacon sem capa, coloque 2 folhas de sálvia entre o bacon e o filé e prenda com um palito. Faça o molho, misturando 2 colheres (sopa) de azeite, 1 colher (sopa) de mel, 2 colheres (chá) de vinagre de vinho branco, a mesma quantidade de mostarda extraforte e 1 colher (chá) de molho inglês. Acerte o sal. Aqueça 1 colher (sopa) de azeite numa frigideira e grelhe a carne em fogo alto por 3 minutos de cada lado, regando com o molho.

20 Escalopes de porco com crosta de dois queijos Afine 4 filés de porco de cerca de 275 g cada como na receita acima. Tempere com pimenta-do-reino moída na hora. Numa tigela, misture 4 colheres (sopa) de farinha de rosca, 75 g de cheddar ralado, 30 g de manteiga derretida e 1 colher (sopa) de cebolinha--francesa picada. Grelhe um dos lados do escalope de carne em uma panela tipo grill preaquecida ou leve ao forno em temperatura alta por 3 minutos. Vire e espalhe 175 g de queijo de cabra amassado sobre os lados não cozidos. Salpique com a mistura de farinha de trigo e volte a grelhar ou ao forno por 3-4 minutos, até ficar cozido. Sirva imediatamente com mais cebolinha picada por cima e acompanhado de vagens amanteigadas.

30 Filés de pernil com cebola caramelizada

4 porções

1 colher (sopa) de azeite
4 filés magros de pernil com cerca de 100 g cada
15 g de manteiga
2 cebolas fatiadas
2 colheres (chá) de folhas de tomilho
4 colheres (sopa) de geleia encorpada de damasco
1 colher (sopa) de mostarda extraforte
300 ml de caldo quente de frango
purê de batatas instantâneo para acompanhar (opcional)

- Aqueça o azeite numa frigideira grande e grelhe o pernil em fogo alto por 5 minutos, virando uma vez. Retire com uma escumadeira e mantenha aquecido.
- Derreta a manteiga na frigideira, adicione a cebola e o tomilho e refogue em fogo brando, mexendo de vez em quando, durante 15 minutos, até começar a caramelizar. Adicione a geleia, a mostarda e o caldo e deixe levantar fervura. Abaixe o fogo e cozinhe por 2-3 minutos, até começar a engrossar.
- Volte os filés mornos para a panela e cozinhe em fogo baixo por mais 3 minutos, até o molho ficar espesso, e os filés, bem quentes. Pode ser servido com purê de batatas instantâneo.

10 Bacon caramelizado com cebola na panela

Aqueça 1 colher (sopa) de azeite numa frigideira e grelhe em fogo alto doze fatias de bacon em pedaços grandes e 2 cebolas cortadas em fatias finas. Mexa até dourar. Enquanto isso, misture numa tigela 3 colheres (sopa) de geleia de damasco, a mesma quantidade de suco de laranja, 1 colher (chá) de mostarda extraforte e a mesma quantidade de folhas de tomilho. Coloque a mistura na frigideira e refogue por 2 minutos. Use para rechear batatas assadas, cozinhando-as no micro-ondas, ou em torradas amanteigadas, salpicadas com queijo.

20 Tiras caramelizadas de pernil

Corte em tiras 4 filés de pernil magro com cerca de 100 g cada. Derreta 15 g de manteiga com 1 colher (sopa) de azeite numa frigideira grande e refogue em fogo alto o pernil, 2 cebolas fatiadas, 1 pimentão amarelo sem sementes fatiado e 2 colheres (chá) de folhas de tomilho. Mexa com frequência por 8-10 minutos, até dourar. Adicione 100 g de ervilhas-tortas e refogue, por mais 2 minutos. Separadamente, misture 2 colheres (sopa) de geleia de damasco, a mesma quantidade de suco de laranja e 1 colher (sopa) de shoyu. Despeje na panela e misture por 1-2 minutos, até o melado ficar quente e cobrir levemente todos os ingredientes. Se preferir, sirva com arroz pré-cozido, aquecido conforme as instruções da embalagem.

20 Rendang cremoso de carne e coco

4 porções

250 g de arroz basmati (opcional)
2 colheres (sopa) de óleo vegetal
1 colher (sopa) de gengibre sem casca e bem picado
1 pimenta vermelha em fatias finas
1 dente de alho em fatias finas
1 talo de capim-limão em fatias finas
500 g de bifes de contrafilé ou alcatra cortados em tiras
½ colher (chá) de canela em pó
1 pitada de açafrão da terra em pó
suco de 1 limão
400 ml de leite de coco
4 colheres (sopa) de coentro fresco picado
sal e pimenta-do-reino moída na hora

- Cozinhe o arroz, se optar por usá-lo, seguindo as instruções da embalagem.
- Enquanto isso, aqueça o azeite em uma frigideira grande ou wok e refogue o gengibre, a pimenta, o alho e o capim-limão em fogo médio, mexendo com frequência, por 1-2 minutos, até amaciar, mas não dourar. Adicione a carne, tempere com sal e pimenta-do-reino, aumente o fogo e refogue por 15 minutos, até dourar e cozinhar.
- Adicione a canela e o açafrão da terra e refogue por alguns segundos antes de adicionar o suco de limão e o leite de coco. Aqueça em fogo brando e mexa durante 2-3 minutos.
- Sirva imediatamente com o arroz basmati, se preferir, e salpicado com coentro.

---

10 Espetos rápidos de carne e coco à moda tailandesa Corte 500 g de filé-mignon em pedaços. Monte em oito espetos de metal, alternando com 2 pimentões vermelhos sem sementes cortados em pedaços. Em uma tigela, misture 4 colheres (sopa) de pasta de curry vermelho com 200 ml de leite de coco e despeje sobre os espetos. Coloque em uma panela tipo grill preaquecida ou no forno em temperatura alta durante 3-4 minutos de cada lado, até grelhar. Sirva com pão pita aquecido.

30 Espetos de capim-limão com filé-mignon ao coco Corte 500 g de filé-mignon em pedaços. Bata levemente os pedaços de carne e a base dos 4 talos de capim-limão com a ponta de um rolo de macarrão. Perfure os pedaços de carne com uma faca e insira o talo de capim-limão no buraco, para que funcionem como espetos. Separadamente, misture 4 colheres (sopa) de pasta de curry vermelho ou verde com 200 ml de leite de coco e despeje sobre a carne.Reserve. Enquanto isso, cozinhe 250 g de arroz basmati seguindo as instruções da embalagem – adicione raspas de limão no início do cozimento. Coloque os espetos sobre uma grelha preaquecida em temperatura alta por 3-4 minutos de cada lado. Sirva com o arroz e fatias de nabo salteadas.

30 Lombo recheado com pêssego e alecrim

4 porções

2 peças de lombo de porco com cerca de 250-300 g cada
3 colheres (sopa) de alecrim picado grosseiramente
3 colheres (sopa) de azeite
1 cebola bem picada
2 pêssegos frescos picados
½ colher (chá) de coentro em pó
uma pitada de cominho em pó
sal e pimenta-do-reino moída na hora

- Coloque as peças de porco sobre uma tábua de carne e faça no meio um corte no sentido do comprimento da carne e, terminando a cerca de 1,5 cm da extremidade e abra. Coloque o alecrim dentro e fora das peças de carne e tempere generosamente com sal e pimenta.
- Aqueça 2 colheres (sopa) de azeite numa frigideira grande e refogue a cebola em fogo médio, durante 4 minutos. Adicione os pêssegos e os temperos e refogue por mais 1 minuto.
- Divida a mistura de pêssego e coloque dentro do corte de cada peça. Pressione gentilmente a carne e amarre com barbante culinário em diversos pontos, para segurar o recheio.
- Aqueça a colher (sopa) de azeite restante numa frigideira limpa e grelhe a carne em fogo brando durante 20 minutos, virando com frequência. Tampe a panela nos últimos 5-10 minutos do tempo de cozimento.
- Sirva quente e cortado em fatias.

---

10 Filés frutados de lombo Numa tigela, misture o suco de 3 laranjas, 1 colher (sopa) de alecrim picado e 2 dentes de alho amassados. Mergulhe nessa mistura 4 filés finos de lombo de porco com cerca de 150 g cada. Aqueça 1 colher (sopa) de azeite numa frigideira e grelhe os bifes em fogo alto, por cerca de 3 minutos de cada lado, até ficarem totalmente grelhados. Sirva com cuscuz marroquino simples pronto, cunhas de limão e todos os sucos do cozimento que restaram na panela.

20 Filés caramelizados de lombo Pincele 4 filés de lombo de porco de cerca de 150 g cada com um pouco de azeite, tempere com sal e pimenta-do-reino moída na hora e coloque em uma assadeira tipo grill. Corte 2 pêssegos em quatro e arrume em volta do lombo. Coloque um pouco de manteiga e salpique uma pitada de pimenta-calabresa em flocos e 2 colheres (chá) de açúcar mascavo. Leve ao forno preaquecido em temperatura média por 15 minutos, virando na metade do tempo, até que a carne fique dourada, e os pêssegos, macios e caramelizados. Regue com o caldo que ficou na assadeira.

30 Frango ao curry vermelho

4 porções

600 ml de caldo de frango
1 maço de cebolinha picada
2,5 cm de gengibre fresco sem casca e picado
um punhado de coentro picado
1 talo de capim-limão picado
500 g de peito de frango desossado sem pele cortado em cubos
arroz basmati para acompanhar

Para o molho

1 colher (sopa) de óleo vegetal
2 colheres (sopa) de pasta de curry vermelho
200 ml de leite de coco
4 colheres (sopa) de coentro picado
2 colheres (chá) de molho de peixe

- Numa panela, coloque o caldo, 2 cebolinhas picadas, o gengibre, o coentro e o capim-limão e deixe levantar fervura. Reduza bem o fogo e adicione os cubos de frango. Cozinhe por 10 minutos. Com uma escumadeira, tire o frango e reserve (não se preocupe se alguns temperos vierem com ele). Escorra o caldo e reserve 150 ml.
- Para o molho, aqueça o óleo numa panela e refogue a cebolinha restante em fogo médio por 1 minuto. Acrescente a pasta de curry e refogue, mexendo, por 1 minuto. Adicione o leite de coco e misture bem. Acrescente o caldo de frango reservado. Junte o coentro e o molho de peixe, volte o frango para a panela e misture bem. Aqueça por 5 minutos, até o molho engrossar, e o frango ficar bem quente.
- Sirva sobre o arroz basmati em tigelas individuais aquecidas.

---

10 Frango tailandês ao curry vermelho e coco Numa frigideira ou wok, aqueça e 2 colheres (sopa) de pasta de curry vermelho com 400 ml de leite de coco em fogo médio por 1 minuto. Adicione o restante do leite de coco e abaixe o fogo. Acrescente 4 peitos de frango sem pele, com cerca de 150 g cada, fatiados, e 100 g de vagem. Cozinhe em fogo brando por 5 minutos. Adicione 100 g de tomates-cereja e cozinhe por mais 3 minutos. Sirva com arroz basmati.

---

20 Salmão ao curry vermelho
Enxágue 100 g de lentilha verde, coloque numa panela, cubra generosamente com água fervente e deixe cozinhar em fogo baixo por 15 minutos. Enquanto isso, aqueça 1 colher (sopa) de óleo vegetal numa frigideira grande e refogue em fogo médio 1 pimentão vermelho sem sementes fatiado. Mexa com frequência por 2 minutos. Adicione 4 filés de salmão sem pele, com cerca de 150 g cada, em cubos, e grelhe por 1 minuto, mexendo cuidadosamente. Adicione 100 g de pasta de curry vermelho, 400 ml de leite de coco e 225 g de ervilhas-tortas e cozinhe em fogo brando por 4-5 minutos. Escorra as lentilhas e adicione ao salmão. Salpique coentro fresco e sirva com arroz cozido no vapor.

Peixes e frutos do mar

Listas de receitas por tempo de preparo

30

20

10

20 Linguado em crosta de parmesão com molho de avocado e tomate

4 porções

4 filés de linguado sem pele com cerca de 175 g cada
suco de ½ limão-siciliano
50 g de parmesão ralado
1 colher (chá) de pimenta-do--reino amassada
salada de rúcula para acompanhar

Para o molho

1 avocado ou abacate picado
3 tomates maduros picados
4 colheres (sopa) de salsa picada
2 colheres (sopa) de azeite
sal e pimenta-do-reino moída na hora

- Coloque os filés de linguado num prato e regue com o suco de limão-siciliano. Num prato separado, misture o parmesão e a pimenta. Pressione os filés na mistura de parmesão, cobrindo apenas um dos lados.
- Coloque o peixe com o lado do parmesão para cima numa assadeira e leve ao forno preaquecido em temperatura alta por 5-6 minutos, até dourar e grelhar por inteiro.
- Enquanto isso, misture numa tigela todos os ingredientes do molho e tempere com sal e bastante pimenta.
- Sirva os filés de linguado quentes com uma colherada de molho por cima. Pode ser acompanhado de uma salada simples de rúcula e gomos de limão.

10 Linguado em crosta de tapenade com molho de azeitonas e tomate

Coloque 4 filés de linguado com cerca de 175 g cada numa grelha forrada com papel-alumínio. Espalhe 1 colher (sopa) de tapenade em cada um. Grelhe em uma panela tipo grill ou no forno preaquecido por 5-6 minutos. Enquanto isso, misture 1 avocado picado, 3 tomates picados, 4 colheres (sopa) de manjericão picado, 1 punhado de azeitonas pretas picadas e 2 colheres (sopa) de azeite. Tempere com pimenta-do-reino moída na hora e sirva acompanhando o linguado.

30 Linguado em crosta de parmesão com ensopado de legumes

Aqueça 2 colheres (sopa) de azeite numa panela e refogue em fogo médio, por cerca de 1 minuto, 1 colher (chá) de alecrim picado e 1 folha de louro. Pique bem 1 cebola, 1 dente de alho grande, 1 talo de aipo, 1 cenoura e 4 abobrinhas pequenas. Adicione à panela e refogue por mais 7-8 minutos, mexendo de vez em quando. Acrescente 250 g de grão-de-bico cozido escorrido e 150 ml de caldo de peixe e cozinhe em fogo baixo por 10 minutos. Enquanto isso, tempere e grelhe 4 filés de linguado sem pele com cerca de 175 g cada, como na receita acima. Adicione aos legumes o suco de meio limão-siciliano e 2 colheres (sopa) de salsa picada. Sirva o linguado sobre uma cama de ensopado.

20 Salmão com vegetais

4 porções

1 colher (sopa) de azeite
1 alho-poró cortado em fatias finas
275 ml de caldo de peixe
200 ml de creme de leite fresco
125 g de ervilhas congeladas
125 g de edamame ou vagem congelada
4 filés de salmão grossos sem pele com cerca de 150 g cada
2 colheres (sopa) de cebolinha picada
purê de batata instantâneo para acompanhar
sal e pimenta-do-reino moída na hora

- Aqueça o azeite numa frigideira grande e refogue o alho-poró em fogo médio, mexendo com frequência, durante 3 minutos, até ficar macio. Adicione o caldo de peixe, deixe levantar fervura. Ferva por mais 2 minutos, até reduzir um pouco. Acrescente o creme de leite fresco e mexa bem. Adicione as ervilhas, o edamame e o salmão e tempere com sal. Deixe ferver novamente.
- Reduza bem o fogo, tampe e deixe cozinhar por 10 minutos, até o peixe ficar opaco e cozido, e as ervilhas e os edamames, bem aquecidos.
- Salpique a cebolinha e sirva acompanhado de purê de batata instantâneo preparado com manteiga e um pouco de pimenta.

---

10 Tagliatelle com salmão e vegetais cremosos Ferva água com um pouco de sal numa panela grande e cozinhe 500 g de tagliatelle fresco por 3-4 minutos ou apenas até ficar *al dente*. Escorra. Enquanto isso, derreta 1 colher (sopa) de manteiga numa frigideira e grelhe em fogo médio 2 filés de salmão com cerca de 150 g cada em pequenos cubos temperados com sal e pimenta--do-reino e 50 g de ervilhas congeladas. Mexa com cuidado por 3 minutos. Acrescente 16 aspargos verdes finos cortados em pedaços de aproximadamente 3,5 cm, 75 ml de caldo de peixe e 275 ml de creme de leite e cozinhe em fogo baixo por mais 5 minutos. Incorpore a massa escorrida ao creme com o salmão e sirva com folhas de manjericão ou salsa.

30 Quiche de salmão e vegetais Numa travessa grande forrada com massa podre, arrume 1 alho-poró picado, 50 g de vagem congelada, 50 g de ervilhas congeladas, 2 colheres (sopa) de cebolinha picada e 2 filés de salmão sem pele com cerca de 150 g cada cortados em cubos de 1,5 cm. Numa tigela, misture 2 ovos grandes, 1 gema, 275 ml de creme de leite fresco, uma pitada de pimenta-de-caiena e um pouco de noz-moscada ralada, sal e pimenta-do-reino. Despeje sobre a travessa com os legumes e o salmão. Leve ao forno preaquecido a 180 °C por 25 minutos, até o creme de ovos ficar dourado.

20 Ensopado especial de peixe e tomate

4 porções

1 colher (sopa) de azeite
1 cebola cortada em fatias finas
1 dente de alho picado
2 tomates picados
400 g de tomate pelado em lata picado
4 colheres (sopa) de pasta de tomate seco
150 ml de vinho branco
375 g de filés de peixe branco cortados em cubos
175 g de camarões crus sem casca
5 colheres (sopa) de tomilho picado
75 g de azeitonas pretas picadas
sal e pimenta-do-reino moída na hora
pão levemente tostado para acompanhar

- Aqueça o azeite numa panela grande e refogue a cebola e o alho em fogo médio, mexendo com frequência, por 3-4 minutos, até amaciarem. Adicione os tomates, a pasta de tomate seco e o vinho. Deixe levantar fervura e cozinhe em fogo alto, por 5 minutos, até engrossar.
- Acrescente o peixe em cubos e os camarões ao molho. Reduza o fogo, tampe e cozinhe por 7-8 minutos, até o peixe ficar opaco e cozido, e os camarões, rosados. Adicione o tomilho e as azeitonas pretas e tempere com sal e pimenta a gosto.
- Sirva em pratos aquecidos com o pão, para absorver todos os sabores do molho.

10 Ensopado rápido de peixe

Aqueça 1 colher (sopa) de azeite numa panela e refogue 1 cebola bem picada com um pouco de pasta de alho em fogo médio por 3 minutos. Adicione 300 g de kani-kama batido com 1 lata de creme de leite e a mesma medida de leite, 200 g de tomate pelado em lata picado, 175 g de filés de peixe branco sem pele cortados em pedaços e 175 g de camarão cozido sem casca. Refogue em fogo alto por 7 minutos, até cozinhar os frutos do mar. Sirva com pão crocante.

30 Curry especial de peixe

Misture 1 colher (chá) de erva-doce, a mesma quantidade de cominho e coentro em grãos e de canela em pó, meia colher (chá) de sementes de feno-grego, a mesma quantidade de pimenta-do-reino moída na hora e 1 cravo. Espalhe numa assadeira e torre em forno preaquecido em temperatura alta por 3-4 minutos. Aqueça 1 colher (sopa) de azeite numa panela grande e refogue 1 cebola em fatias bem finas e 1 dente de alho picado em fogo médio, mexendo com frequência, por 3-4 minutos. Adicione 2 tomates picados e refogue por 2-3 minutos. Acrescente 400 g de tomate pelado em lata picado, as especiarias torradas e 150 ml de caldo de peixe. Deixe levantar fervura. Abaixe o fogo e cozinhe, sem tampa, por 10 minutos. Adicione 175 g de filés de peixe branco cortados em cubos e 175 g de camarões sem casca cozidos. Tampe e deixe cozinhar em fogo brando por 7-8 minutos, até os frutos do mar cozinharem por inteiro. Misture dois punhados de coentro fresco e sirva.

20 Iscas de bacalhau fresco com maionese de limão e alcaparras

4 porções

100 g de farinha de trigo
450 g de filés de bacalhau fresco ou abrótea sem pele cortados em tiras
250 g de farinha de rosca
raspas da casca de 2 limões-galegos
1 colher (chá) de grãos de pimenta-do-reino amassados
2 ovos
150 ml de óleo vegetal
sal e pimenta-do-reino moída na hora

Para a maionese

200 ml de creme de leite fresco
6 colheres (sopa) de maionese
raspas e suco de 1 limão
2 colheres (sopa) de alcaparras
3 colheres (sopa) de salsa picada
1 colher (sopa) de cebolinha picada

- Coloque a farinha num prato e tempere generosamente com sal e pimenta-do-reino. Passe as tiras de peixe na farinha temperada e reserve. Coloque a farinha de rosca em outro prato e misture com as raspas de limão e os grãos de pimenta amassados. Bata bem os ovos numa tigela rasa.
- Aqueça o óleo numa frigideira grande. Enquanto isso, mergulhe rapidamente as iscas enfarinhadas nos ovos e depois na farinha de rosca, até ficarem totalmente empanadas. Frite em duas levas, em fogo alto, por 3-4 minutos, virando uma vez, até fritarem por inteiro. Retire da frigideira com uma escumadeira e escorra o excesso de óleo em papel-toalha.
- Enquanto o bacalhau está fritando, misture o creme de leite fresco e a maionese. Adicione os ingredientes restantes e tempere com pimenta-do-reino. Coloque numa tigela pequena e sirva com as iscas quentes.

---

10 Bacalhau frito com maionese de limão e alcaparras Empane 4 filés de bacalhau fresco ou de abrótea com cerca de 175 g cada em 50 g de farinha de trigo bem temperada com sal e pimenta-do-reino moída na hora. Aqueça 4 colheres (sopa) de azeite numa frigideira grande e frite em fogo médio por 2-3 minutos de cada lado, até dourar. Enquanto isso, prepare a maionese de limão e alcaparras como acima. Sirva o bacalhau quente com uma colherada de maionese.

30 Bacalhau picante com batatas assadas Empane ligeiramente 4 filés de bacalhau fresco ou abrótea com cerca de 175 g cada em 50 g de farinha de trigo bem temperada com sal e pimenta-do-reino moída na hora. Mergulhe em 2 ovos batidos numa tigela rasa e depois em 125 g de farinha de rosca misturada com 1 colher (chá) de pimenta-calabresa em flocos. Coloque numa assadeira. Corte 3 batatas grandes em cubinhos e besunte com 2 colheres (sopa) de azeite. Espalhe as batatas entre o peixe na assadeira e leve ao forno preaquecido a 200 °C por 20 minutos, até dourar. Enquanto isso, prepare a maionese de limão e alcaparras como acima. Sirva o peixe acompanhado das batatas e da maionese.

30 Lagosta ao pesto embrulhada em presunto cru

4 porções

4 pedaços de cauda de lagosta com cerca de 175 g cada
2 colheres (sopa) de pesto
4 fatias de presunto cru
2 colheres (sopa) de azeite
500 g de tagliatelle fresco
1 maço de cebolinha picada
250 g de tomates-cereja cortados ao meio
200 g de folhas de espinafre
sal e pimenta-do-reino moída na hora

- Passe o pesto em um lado das caudas de lagosta. Em seguida, envolva uma fatia de presunto cru em cada uma. Aqueça 1 colher (sopa) do azeite numa frigideira grande e grelhe a lagosta em fogo médio, com a junção do presunto para baixo, por 3-4 minutos, até dourar. Vire e grelhe do outro lado por 3-4 minutos, também até dourar. Transfira para uma assadeira e leve ao forno preaquecido a 200 °C por 10 minutos.
- Enquanto isso, ferva água com um pouco de sal numa panela grande e cozinhe o tagliatelle por 3-4 minutos, até ficar *al dente*. Escorra. Aqueça o restante do azeite numa panela grande e refogue a cebolinha em fogo médio, mexendo com frequência, por 1-2 minutos, até amaciar ligeiramente. Adicione os tomates-cereja e refogue por 2 minutos. Acrescente o espinafre e refogue por mais 1 minuto, até murchar. Incorpore a massa escorrida e tempere generosamente com pimenta.
- Sirva a lagosta com o tagliatelle em pratos aquecidos.

10 Salmão grelhado com pesto e bacon

Coloque 4 filés de salmão sem pele com cerca de 150 g cada temperados com sal e pimenta em uma grelha ou chapa e espalhe 1 colher (chá) de pesto sobre cada um. Coloque quatro fatias de bacon sem capa ao lado do salmão e grelhe por 6-8 minutos, até o salmão ficar opaco, e o bacon, dourado e crocante. Sirva os filés de salmão em pratos aquecidos com as fatias de bacon por cima.

20 Espetos de peixe e legumes ao pesto

Corte 700 g de peixe branco em pedaços de 2,5 cm. Espete o peixe em quatro espetos de metal (ou de bambu previamente hidratados em água fria por 30 minutos), alternando com 4 tomates-cereja, meia abobrinha em pedaços e 2 folhas de louro em cada um. Tempere com sal e pimenta. Numa tigela, misture 2 colheres (chá) de pesto e a mesma quantidade de azeite. Pincele sobre os espetos. Coloque em uma panela tipo grill ou no forno preaquecido em temperatura alta, ou numa churrasqueira, por 15 minutos. Sirva com salada e pão levemente tostado.

20 Biryani de frutos do mar

4 porções

4 ovos
250 g de arroz basmati
175 g de vagem cortada em pedaços pequenos
2 colheres (sopa) de óleo vegetal
2 cebolas cortadas em fatias finas
3 colheres (sopa) de pasta de curry biryani ou amarelo
175 g de camarões grandes cozidos sem casca
175 g de kani-kama desfiado
6 colheres (sopa) de coentro fresco picado
150 g de iogurte natural misturado com 1 colher (chá) de hortelã bem picada
sal

- Ferva água com um pouco de sal numa panela grande e cozinhe os ovos com casca e o arroz juntos, por 10 minutos. Retire os ovos com uma escumadeira. Adicione as vagens e cozinhe com o arroz por mais 5 minutos, até ambos ficarem macios. Escorra. Enquanto as vagens e o arroz estão cozinhando, descasque os ovos sob água fria corrente e pique grosseiramente.

- Aqueça o óleo numa frigideira grande e refogue as cebolas em fogo médio por 5 minutos, mexendo de vez em quando. Adicione a pasta de curry e mexa por mais 1 minuto. Acrescente os camarões e o kani-kama e refogue por 2 minutos, até aquecer.

- Adicione o arroz, as vagens escorridas e o coentro. Mexa por mais 1 minuto. Incorpore os ovos picados e sirva quente, acompanhado do iogurte com hortelã.

10 Pilaf rápido de camarão

Aqueça 1 colher (sopa) de óleo vegetal em uma frigideira e refogue 1 cebola pequena ralada, 2 abobrinhas raladas e 100 g de pasta de curry amarelo em fogo médio, mexendo sempre, por 3 minutos. Adicione 200 g de ervilhas congeladas e refogue por 2 minutos. Acrescente 400 g de camarões cozidos sem casca e refogue por mais 2 minutos. Junte 350 g de arroz pré-cozido e aqueça por 2 minutos. Sirva salpicado com 1 colher (chá) de pimenta vermelha picada e um punhado de folhas de coentro.

30 Biryani de salmão com lentilhas

Misture 3 colheres (sopa) de pasta de curry amarelo com 3 colheres (sopa) de iogurte natural. Espalhe por cima de 4 filés de salmão sem pele com cerca de 150 g cada. Tampe e deixe na geladeira. Tempere com sal e pimenta. Aqueça 1 colher (sopa) de azeite numa panela e refogue 1 cebola roxa picada em fogo médio, por 2 minutos. Adicione 2 dentes de alho amassados, 1 pimenta vermelha sem sementes bem picada, 2 pitadas de açafrão-da-terra, 1 canela em pau, 1 anis-estrelado e sementes trituradas de 4 bagas cardamomo. Refogue por mais 1 minuto. Adicione 100 g de lentilhas secas e 600 ml de caldo de legumes. Cozinhe em fogo brando por 5 minutos. Acrescente 150 g de arroz basmati e cozinhe por mais 15 minutos. Dez minutos antes do final do cozimento do arroz e das lentilhas, aqueça meia colher (sopa) de azeite numa frigideira, retire o salmão da marinada e cozinhe em fogo brando por 2-3 minutos de cada lado. Corte o salmão em lascas. Retire a canela em pau e o anis-estrelado do arroz com ervilhas. Incorpore as lascas de salmão e 3 colheres (sopa) de coentro fresco picado. Sirva imediatamente.

30 Penne gratinado com atum, abóbora e ervilhas

4 porções

225 g de penne
2 colheres (sopa) de azeite
1 cebola picada
1 abóbora-paulista com cerca de 375 g descascada, sem sementes e cortada em cubos
400 g de atum no azeite escorrido e em lascas
175 g de ervilhas descongeladas
25 g de manteiga
25 g de farinha de trigo
300 ml de leite
200 ml de creme de leite fresco
1 colher (sopa) de mostarda de Dijon
50 g de cheddar ralado
sal e pimenta-do-reino moída na hora
salada simples para acompanhar

- Numa panela grande, ferva água com um pouco de sal e cozinhe o penne por 10-12 minutos, até ficar macio. Escorra.
- Enquanto isso, aqueça o azeite em uma frigideira grande ou wok e refogue a cebola e a abóbora-paulista em fogo médio por 8-10 minutos, mexendo até ficar macio e dourado. Adicione a massa escorrida à panela e incorpore o atum e as ervilhas. Tempere com sal e pimenta.
- Derreta a manteiga numa panela em fogo médio, adicione a farinha e mexa por alguns segundos. Retire do fogo e adicione o leite aos poucos, mexendo bem. Volte a panela para o fogo, deixe levantar fervura, mexendo até engrossar. Adicione o creme de leite fresco e a mostarda. Retire do fogo, incorpore à mistura da massa e tempere a gosto.
- Transfira tudo para uma travessa refratária grande e salpique o cheddar. Gratine em forno preaquecido em temperatura alta por 3-4 minutos, até o molho borbulhar, e o queijo dourar. Sirva acompanhado de uma salada simples.

---

10 Tagliatelle com atum aos quatro queijos

Numa panela grande com água fervente e sal, cozinhe 500 g de tagliatelle fresco por 3-4 minutos, escorra e volte a massa para a panela. Enquanto isso, aqueça 1 pão de alho conforme as instruções da embalagem. Adicione à massa 350 g de molho quatro queijos pronto, 1 colher (sopa) de mostarda de Dijon, 400 g de atum no azeite escorrido e em lascas e 175 g de ervilhas descongeladas. Aqueça bem. Sirva com o pão de alho.

20 Salada de atum, macarrão e feijão-branco

Salada de atum, macarrão e feijão-branco Escorra e reserve o azeite de 400 g de atum. Adicione ao atum 250 g de feijão-branco cozido sem caldo e 450 g de macarrão de letrinhas ou estrelinhas cozido e resfriado. Numa tigela separada, bata 3 colheres (sopa) do azeite do atum, 3 colheres (sopa) de azeite, 2 dentes de alho amassados, 1 colher (chá) de mostarda inglesa em pó, raspas de 1 limão-siciliano e 1 pimentão. Incorpore à mistura da massa. Finalize com cebola roxa em fatias finas e lascas de parmesão salpicadas. Sirva com ciabatta.

10 Vieiras cremosas com alho-poró

4 porções

50 g de manteiga
16 vieiras sem concha cortadas ao meio
1 fatia de bacon sem capa em pedaços
3 alhos-porós fatiados
200 ml de creme de leite fresco
raspas de 1 limão
sal e pimenta-do-reino moída na hora
arroz branco para acompanhar

- Derreta metade da manteiga numa frigideira grande e doure as vieiras e o bacon em fogo alto, mexendo com frequência por 2 minutos, até dourar. Retire com uma escumadeira e mantenha aquecido.
- Adicione o restante de manteiga à frigideira e refogue o alho-poró em fogo médio, mexendo de vez em quando, por 5 minutos, até amaciar e dourar levemente. Acrescente o creme de leite fresco e as raspas de limão e tempere com sal e bastante pimenta.
- Volte as vieiras para a panela e incorpore-as ao alho-poró cremoso. Sirva imediatamente com arroz.

20 Fusilli com vieiras cremosas, alho--poró e bacon Numa panela grande com água fervente e um pouco de sal, cozinhe 200 g de fusilli por 10-12 minutos, até ficar macio. Escorra, volte para a panela e mantenha aquecido. Enquanto isso, derreta 25 g de manteiga numa frigideira grande e frite em fogo médio oito tiras de bacon picadas e 16 vieiras sem concha, mexendo com cuidado, por 2 minutos. Adicione 4 alhos-porós fatiados e refogue por mais 5 minutos, mexendo com frequência. Mantenha aquecido. Aqueça 25 g de manteiga em outra panela, adicione 25 g de farinha e mexa por alguns segundos. Retire do fogo e adicione 250 ml de leite, um pouco de cada vez, mexendo bem o tempo todo. Tempere com sal e pimenta-do-reino. Retorne ao fogo e deixe levantar fervura, mexendo constantemente até engrossar. Retire do fogo e acrescente 4 colheres (sopa) de parmesão ralado, 200 ml de creme de leite fresco e 3 colheres (sopa) de salsa picada. Adicione as vieiras e o molho à massa escorrida. Incorpore bem e sirva.

30 Espetinhos de vieiras e bacon com alho-poró Corte dez fatias de bacon ao meio. Em seguida, enrole 20 vieiras pequenas sem concha nas metades do bacon. Coloque em quatro espetos de metal e pincele-os com a mistura de 2 colheres (sopa) de azeite com 1 colher (sopa) de mel. Aqueça 25 g de manteiga e 1 colher (sopa) de azeite numa frigideira e refogue 2 alhos-porós fatiados por 6-8 minutos, até dourarem. Adicione 1 colher (chá) de raspas de limão-siciliano, 1 colher (chá) de mostarda extraforte e 200 ml de creme de leite fresco. Mantenha aquecido. Grelhe os espetos por 2-3 minutos de cada lado, em grelha ou chapa preaquecida em temperatura alta, até dourar. Sirva sobre o creme de alho-poró.

30 Torta de salmão, alho-poró e ervilhas com purê

4 porções

500 g de filés de salmão sem pele
25 g de manteiga
25 g de farinha de trigo
450 ml de leite
3 alhos-porós grandes fatiados
125 g de ervilhas descongeladas
1 kg de purê de batata pronto
50 g de dill picado grosseiramente
25 g de parmesão ralado
sal e pimenta-do-reino moída na hora

- Coloque o salmão em uma travessa para micro-ondas e despeje 2 colheres (sopa) de água. Tampe e cozinhe em potência alta por 3-4 minutos, até o peixe ficar opaco e cozido. Reserve e corte em lascas grandes.
- Derreta a manteiga numa panela, adicione a farinha e mexa por alguns segundos. Retire do fogo e adicione o leite, aos poucos, mexendo bem. Volte para o fogo e deixe levantar fervura, mexendo até engrossar. Retire do fogo e tempere com sal e pimenta.
- Adicione o alho-poró e as ervilhas ao molho. Acrescente o salmão. Transfira para uma travessa refratária grande. Coloque o purê de batata numa tigela e bata com 2 colheres (sopa) de água e dois terços do dill, até ficar macio. Espalhe sobre a mistura de salmão e salpique parmesão. Tempere a gosto. Asse em forno preaquecido a 200 °C por 10 minutos e gratine em temperatura alta por 5 minutos, até dourar. Salpique o restante do dill e sirva.

---

10 Purê de batata com salmão, espinafre e ervilhas Numa panela, aqueça em fogo médio 350 g de molho de queijo pronto por 5 minutos. Adicione 100 g de espinafre picado e 75 g de ervilhas congeladas, mexendo sempre, até o espinafre murchar. Adicione 420 g de salmão escorrido em lascas e aqueça rapidamente. Enquanto isso, aqueça 1 kg de purê de batata pronto seguindo as instruções da embalagem. Espalhe o molho quente sobre o purê e sirva.

20 Salmão com alho-poró e queijo ao forno Coloque 4 filés de salmão com cerca de 150 g cada numa assadeira e tempere bem com sal e pimenta-do-reino. Derreta 25 g de manteiga numa frigideira grande e refogue 1 alho-poró grande fatiado, em fogo alto, mexendo com frequência, por 3 minutos, até amolecer. Coloque o alho-poró sobre os filés de salmão e por cima de cada um espalhe 1 colher (sopa) de parmesão ralado. Leve ao forno preaquecido a 200 °C por 10-12 minutos, até o peixe ficar assado. Salpique o dill picado e sirva.

20 Salada morna de camarões bang--bang com macarrão de arroz

4 porções

100 g de macarrão de arroz
raspas e suco de 1 limão
1 colher (sopa) de óleo de gergelim
125 g de ervilhas-tortas
1 pimenta vermelha cortada em fatias finas
2,5 cm de gengibre sem casca picado
250 g de camarões grandes sem casca cozidos
4 colheres (sopa) de pasta de amendoim
4 colheres (sopa) de shoyu
50 g de abacaxi desidratado picado
sal e pimenta-do-reino-moída na hora

- Coloque o macarrão numa tigela refratária, cubra com água fervente e deixe hidratar, seguindo as instruções da embalagem. Escorra bem e misture com as raspas de limão.
- Enquanto isso, aqueça o óleo em uma frigideira grande ou wok e salteie as ervilhas-tortas, a pimenta e o gengibre em fogo alto por 2 minutos. Adicione os camarões e salteie por mais 2 minutos, até esquentar. Coloque a pasta de amendoim, o suco de limão e o shoyu numa tigela, adicione 150 ml de água fervente e misture bem. Derrame na panela e incorpore bem todos os ingredientes.
- Adicione o macarrão escorrido e os pedaços de abacaxi e misture com cuidado, até incorporar todos os ingredientes ao molho. Tempere com sal e pimenta. Sirva imediatamente em tigelas individuais aquecidas.

---

10 Camarões bang--bang no espeto

Em cada um de oito pequenos espetos de metal, coloque 3 camarões grandes sem casca crus. Cozinhe sobre uma grelha preaquecida em temperatura alta por 3 minutos de cada lado, até ficarem rosados. Enquanto isso, numa tigela, misture 4 colheres (sopa) de pasta de amendoim, a mesma quantidade de shoyu e o suco de 1 limão. Sirva o molho em pequenas tigelas individuais, com os espetos de camarão e 2 cenouras descascadas, 2 talos de aipo e meio pepino grande, todos cortados em palitos pequenos.

30 Camarões bang--bang com arroz chop suey

Numa panela com água fervente e um pouco de sal, cozinhe 250 g de arroz parboilizado por 15 minutos, até ficar macio. Escorra. Volte o arroz para a panela, adicione 75 g de ervilhas pré-cozidas, 2 cebolinhas picadas, 75 g de amendoim torrado, 1 ovo batido, 2 colheres (sopa) de óleo de gergelim e a mesma quantidade de shoyu. Refogue em fogo médio até o ovo ficar cozido. Reserve. Aqueça 1 colher (sopa) de óleo de gergelim em wok ou frigideira grande e salteie, em fogo médio, por 2 minutos, 125 g de ervilhas-tortas, 1 pimenta vermelha bem picada e um pedaço de gengibre de 2,5 cm sem casca picado. Adicione 250 g de camarões grandes sem casca cozidos e salteie por mais 2 minutos. Numa tigela, misture 4 colheres (sopa) de pasta de amendoim, a mesma quantidade de molho de soja e 150 ml de água fervente. Adicione 1 colher (sopa) de farinha de milho. Junte os ingrediente da panela e mexa, até engrossar. Sirva sobre o arroz.

30 Robalo cremoso gratinado

4 porções

625 g de filés de robalo sem pele
600 ml de leite
1 folha de louro
40 g de manteiga
40 g de farinha de trigo
50 g de gruyère ralado
½ colher (chá) de mostarda inglesa
salada para acompanhar
sal e pimeta-do-reino moída na hora

Para a cobertura

100 g de farinha de rosca
25 g de gruyère ralado
raspas de 1 limão-siciliano
2 colheres (sopa) de salsa picada
salada simples para acompanhar

- Coloque o robalo temperado com sal e pimenta em uma panela com o leite e a folha de louro. Cozinhe em fogo alto até levantar fervura e deixe ferver por mais 3 minutos. Retire o peixe com uma escumadeira e distribua entre quatro travessas refratárias individuais. Reserve o leite.
- Derreta a manteiga numa panela, adicione a farinha e mexa por alguns segundos. Retire do fogo e adicione o leite reservado, um pouco por vez, mexendo sempre. Volte a panela ao fogo e deixe levantar fervura, mexendo constantemente, até engrossar. Retire do fogo e adicione o gruyère ralado e a mostarda.
- Despeje o molho sobre o peixe, distribuindo-o igualmente entre as travessas. Misture os ingredientes da cobertura e salpique sobre o molho. Acerte sal e pimenta. Leve à prateleira mais alta de um forno preaquecido a 220 °C por 10 minutos, até a cobertura gratinar, e o molho borbulhar. Sirva acompanhado de uma salada simples.

---

10 Ceviche de robalo

Pique em pedacinhos 250 g de robalo fresco sem pele e coloque numa travessa larga, baixa e não metálica. Salpique 1 colher (chá) de sal grosso, meia colher (chá) de orégano desidratado e 75 ml de suco de limão. Tampe e deixe marinar por 8 minutos. Escorra o peixe, descartando os sumos. Adicione 3 cebolinhas picadas, 1 pimenta verde picada e 4 colheres (sopa) de coentro fresco picado. Sirva colheradas de ceviche sobre pedaços de pão torrado.

20 Gratinado crocante de robalo

Coloque 625 g de filés de robalo sem pele temperados com sal e pimenta numa panela com 100 ml de leite e 1 folha de louro. Cozinhe em fogo alto até levantar fervura e deixe ferver por mais 3 minutos. Enquanto isso, aqueça 350 g de molho de queijo pronto numa panela separada. Escorra o cozido, descartando o leite, e transfira os filés de robalo para uma travessa refratária grande e então derrame o molho de queijo. No processador, bata 1 pacote de tortilhas de queijo com 2 colheres (sopa) de salsa picada, até formar farelos. Salpique sobre o molho. Leve à prateleira mais alta de um forno preaquecido a 220 °C por 10 minutos, até a cobertura gratinar, e o molho borbulhar.

10 Ensopado especial de peixe e camarão

4 porções

800 g de molho de tomate temperado em lata
150 ml de vinho branco
1 colher (sopa) de azeite
375 g de filés de peixe branco sem pele em pedaços
175 g de camarões sem casca crus
25 g de salsa picada
sal e pimenta-do-reino moída na hora
pão para acompanhar

- Coloque o molho de tomate, o vinho e o azeite numa panela grande e deixe levantar fervura.
- Reduza bem o fogo, adicione o peixe e os camarões e cozinhe por 7 minutos, até o peixe ficar opaco, e os camarões, rosados.
- Adicione a salsa e tempere com sal e pimenta. Sirva em pratos aquecidos com pão.

20 Ensopado de salmão e bacon ao vinho

Aqueça 1 colher (sopa) de azeite numa panela grande e frite seis fatias de bacon picadas em fogo alto, por cerca de 3 minutos, até dourar. Adicione 800 g de molho de tomate temperado em lata e 150 ml de vinho branco. Deixe levantar fervura, reduza bem o fogo e cozinhe 4 filés de salmão sem pele com cerca de 150 g cada, cortados em cubos, com 250 g de tomates-cereja e 3 colheres (sopa) de alecrim picado. Deixe levantar fervura, reduza bem o fogo e cozinhe, sem tampa, por 15 minutos, até o salmão ficar cozido, e os tomates, macios. Tempere com sal e pimenta-do-reino.
Sirva com pão.

30 Ensopado mediterrâneo de peixe com legumes

Aqueça 1 colher (sopa) de azeite numa frigideira grande e profunda e refogue em fogo médio 2 abobrinhas, 1 pimentão vermelho e 1 pimentão amarelo, ambos sem sementes e cortados em pedaços, e 1 cebola roxa bem picada. Mexa de vez em quando, durante 8-10 minutos. Adicione 500 g de peixe branco, sem pele cortado em pedaços, 175 g de camarões sem casca crus, 800 g de molho de tomate em lata e 300 ml de vinho branco. Cozinhe por 10 minutos, mexendo cuidadosamente de vez em quando, até o peixe ficar cozido. Acrescente 100 g de azeitonas pretas picadas, tempere com sal e pimenta-do-reino e sirva quente em tigelas individuais, finalizando com 75 g de croûtons prontos.

20 Camarões e brócolis salteados

4 porções

175 g de arroz parboilizado
250 g de brócolis cortados em buquês
3 colheres (sopa) de óleo vegetal
1 cebola roxa grande fatiada
1 maço de cebolinha picada
250 g de camarões sem casca cozidos
raspas e suco de 1 limão
3 colheres (sopa) de shoyu
sal e pimenta-do-reino moída na hora

- Numa panela com água fervente e um pouco de sal, cozinhe o arroz por 10 minutos. Adicione os brócolis e cozinhe por mais 5 minutos, até tudo ficar macio. Escorra bem e mantenha aquecido.
- Enquanto isso, aqueça o óleo em uma frigideira grande ou wok e refogue a cebola em fogo médio por 5 minutos, mexendo com frequência. Adicione a cebolinha e os camarões, salteando por 4 minutos.
- Adicione as raspas e o suco do limão e o shoyu e misture bem. Acrescente o arroz com brócolis, salteando por 1 minuto, até incorporar todos os ingredientes. Tempere a gosto. Sirva imediatamente.

10 Talharim com camarões e brócolis Numa panela com água fervente, cozinhe 200 g de macarrão instantâneo por 3 minutos e escorra. Alinhe os talos de 250 g de brócolis e corte em 3 no sentido do comprimento. Aqueça 3 colheres (sopa) de óleo vegetal em uma frigideira grande ou wok e salteie em fogo médio por 4 minutos os brócolis, 1 maço de cebolinha picada, 250 g de camarões sem casca cozidos e 2 pequenas cabeças de couve--chinesa picadas ou acelga. Adicione as raspas e o suco de 1 limão e 3 colheres (sopa) de shoyu. Misture bem. Adicione o talharim escorrido e misture até aquecer bem.

30 Arroz de pato, camarões e brócolis ao gengibre Numa panela com água fervente levemente salgada, cozinhe 175 g de arroz parboilizado por 10 minutos. Adicione 250 g de brócolis e cozinhe com o arroz parboilizado por mais 5 minutos. Escorra bem e mantenha aquecido. Enquanto isso, aqueça 2 colheres (sopa) de óleo de girassol em uma frigideira grande ou wok, adicione 1 peito de pato com cerca de 175 g cortado em fatias finas e salteie em fogo médio por 5 minutos. Retire com uma escumadeira. Adicione 1 cebola roxa grande fatiada e refogue, mexendo com frequência, por 5 minutos. Acrescente 1 maço de cebolinha picada e 250 g de camarões sem casca cozidos. Salteie por 4 minutos. Adicione um pedaço de gengibre de 3,5 cm sem casca ralado e 3 colheres (sopa) de shoyu. Misture bem. Volte o pato para a panela com o arroz e os brócolis e salteie por 1 minuto.

30 Salmão jamaicano com milho e quiabo

4 porções

4 filés de salmão sem pele com cerca de 175 g cada
1 colher (sopa) de tempero jamaicano
4 espigas de milho cortadas ao meio
3 colheres (sopa) de azeite
1 cebola roxa fatiada
250 g de quiabo
50 g de manteiga
½ colher (chá) de páprica
½ colher (chá) de noz-moscada em pó
sal

Tempero jamaicano

½ xícara de pimenta-da-jamaica
½ xícara de pimenta vermelha
½ xícara de açúcar mascavo
1 colher (chá) de cravo-da-índia em pó
1 colher (chá) de canela em pó
2 maços de cebolinha picada
2 colheres (sopa) de folhas frescas de tomilho picadas
6-8 dentes de alho amassados
sal a gosto

- Prepare o tempero jamaicano misturando bem todos os ingredientes. Em seguida, tempere os filés de salmão com sal e esfregue 1 colher (sopa) do tempero jamaicano em um dos lados; reserve.
- Cozinhe as espigas de milho numa panela grande com água fervente e um pouco de sal durante 15 minutos, até amaciar.
- Aqueça 2 colheres (sopa) de azeite numa panela grande e refogue a cebola, mexendo com frequência, durante 2 minutos. Adicione o quiabo e refogue por 4 minutos, até começar a amolecer. Escorra bem as espigas de milho, adicione à panela com a manteiga e as especiarias e misture por mais 2-3 minutos, até ficarem ligeiramente douradas em alguns pontos.
- Enquanto isso, aqueça a colher (sopa) restante do azeite numa frigideira grande e grelhe em fogo médio os filés de salmão com o lado temperado para baixo, por 3-4 minutos. Vire-os filés e grelhe por mais 2 minutos. Sirva quente com a mistura de quiabo e milho.

---

10 Salada morna de salmão jamaicana

Esfregue 1 colher (sopa) de tempero jamaicano e sal em 4 filés de salmão com cerca de 175 g cada. Aqueça 1 colher (sopa) de azeite numa frigideira grande e grelhe os filés de salmão em fogo médio, com o lado temperado para baixo, por 3-4 minutos. Vire e grelhe por mais 2 minutos. Distribua 150 g de salada de folhas mistas entre quatro pratos. Escorra 1 lata de 200 g de milho-verde e corte meia cebola roxa em fatias bem finas. Distribua entre os pratos. Corte o salmão em lascas sobre a salada e sirva com cunhas de limão para espremer por cima.

20 Salmão jamaicano rápido

Siga a receita acima, mas em vez de cozinhar as espigas de milho por 15 minutos, coloque-as numa tigela para micro-ondas com 4 colheres (sopa) de água. Tampe e cozinhe em potência alta por 6 minutos.

10 Espaguete com molho de camarão, tomate, alho e manjericão

4 porções

500 g de espaguete fresco
2 colheres (sopa) de azeite
2 dentes de alho fatiados
800 g de tomate pelado em lata picado
3 colheres (sopa) de pasta de tomate seco
250 g de camarões grandes sem casca cozidos
25 g de manjericão picado
sal e pimenta-do-reino moída na hora
parmesão ralado para finalizar (opcional)

- Numa panela grande com água fervente e sal, cozinhe o espaguete durante 3 minutos ou até a massa ficar macia. Escorra.
- Enquanto isso, aqueça o azeite numa frigideira grande e refogue o alho em fogo médio por alguns segundos, para aromatizar o azeite. Adicione os tomates e a pasta de tomate seco e refogue por 5 minutos, até engrossar.
- Adicione os camarões e o manjericão, misture e aqueça bem, por 1-2 minutos. Tempere com sal e bastante pimenta e incorpore à massa escorrida.
- Sirva em pratos aquecidos, salpicado com parmesão ralado.

---

20 Espaguete picante com frutos do mar, tomate, alho e bacon Numa panela grande com água fervente e sal, cozinhe 500 g de espaguete fresco por 3 minutos, ou até ficar macio. Escorra e volte para a panela. Aqueça 2 colheres (sopa) de azeite numa frigideira grande e refogue 1 pimenta vermelha bem picada e 2 dentes de alho fatiados em fogo médio, por 2 minutos. Adicione oito fatias de bacon picadas e frite por mais 2 minutos, mexendo com frequência. Acrescente 200 g de vieiras pequenas cozidas bem escorridas, 200 g de camarões grandes sem casca cozidos e refogue em fogo alto por mais 3-4 minutos, mexendo com frequência. Adicione 800 g de tomate pelado em lata picado e 3 colheres (sopa) de pasta de tomate seco e cozinhe até engrossar, mexendo de vez em quando. Tempere com sal e pimenta-do-reino. Acrescente 25 g de salsa picada, misture e adicione à massa escorrida. Misture bem para incorporar.

30 Penne gratinado com camarões, tomate e alho Cozinhe 500 g de penne fresco seguindo as instruções da embalagem. Escorra. Enquanto isso, aqueça 2 colheres (sopa) de azeite numa panela grande e refogue 2 dentes de alho fatiados em fogo médio por 2 minutos. Adicione 6 colheres (sopa) de pasta de tomate seco e 800 g de tomate pelado em lata picado. Deixe levantar fervura e cozinhe em fogo bem baixo, sem tampa, por 10 minutos, até o molho reduzir a um quarto. Adicione 4 colheres (sopa) de manjericão picado. Incorpore à massa e acerte o sal. Transfira para uma travessa refratária e salpique 100 g de gruyère. Gratine no forno em temperatura alta por 5 minutos, até dourar.

10 Bacalhau de panela com batatas, maionese de limão e dill

4 porções

4 colheres (sopa) de óleo vegetal
4 batatas grandes descascadas e cortadas em cubos
1 colher (sopa) de azeite
4 pedaços de filés de bacalhau fresco ou abrótea com cerca de 150 g cada
suco e raspas de 1 limão
4 colheres (sopa) de dill picado
6 colheres (sopa) de maionese
sal e pimenta-do-reino moída na hora

- Em uma frigideira grande, aqueça o óleo e frite as batatas em fogo médio, virando com frequência, por 7-10 minutos, até dourarem e ficarem crocantes. Enquanto isso, tempere o peixe com sal e pimenta.
- Aqueça o azeite numa frigideira grande separada e grelhe o bacalhau em fogo alto por 3-5 minutos, virando uma vez, até cozinhar e dourar. Esprema o suco de limão sobre o peixe.
- Misture as raspas de limão e metade do dill na maionese e sirva com o peixe e as batatas. Salpique o restante do dill antes de servir.

---

20 **Bacalhau e presunto cru com batata-doce** Aqueça 3 colheres (sopa) de óleo vegetal numa frigideira grande e frite 4 batatas-doces descascadas e cortadas em cubos em fogo médio por 8-10 minutos, virando com frequência, até dourarem. Mantenha-as aquecidas. Enquanto isso, envolva as fatias de presunto cru em cada um dos quatro pedaços de filé de bacalhau fresco com cerca de 150 g cada. Aqueça 1 colher (sopa) de óleo vegetal numa frigideira separada e grelhe em fogo médio, virando de vez em quando, por 8-10 minutos, até dourarem. Misture 6 colheres (sopa) de maionese com as raspas de meio limão e 3 colheres (sopa) de salsa picada. Sirva com as batatas e o bacalhau.

---

30 **Bacalhau embrulhado em bacon com batatas ao forno** Corte 4 batatas grandes descascadas em fatias finas e misture com 2 colheres (sopa) de óleo vegetal. Espalhe em camada única numa assadeira e leve ao forno preaquecido a 220 °C por 20 minutos, até dourarem. Enquanto isso, embrulhe cada um dos quatro pedaços de filé de bacalhau fresco com cerca de 150 g cada em fatias de bacon, colocando 2-3 folhas de manjericão entre o peixe e o bacon. Coloque numa assadeira e tempere generosamente com sal e pimenta-do-reino. Leve ao forno com as batatas por 15 minutos, até o peixe ficar opaco e assado. Sirva o peixe com as batatas e salpique salsa, se desejar.

30 Espaguete ao alho, tomate e frutos do mar

4 porções

225 g de espaguete
3 colheres (sopa) de azeite
2 dentes de alho fatiados
3 echalotas cortadas em fatias finas
1 talo de aipo cortado em fatias finas
4 tomates picados
400 g de tomate pelado em lata picado
150 ml de vinho branco
1 colher (sopa) de tomilho picado
3 colheres (sopa) de salsa picada
250 g de camarões sem casca cozidos
240 g de frutos do mar mistos crus
sal e pimenta-do-reino moída na hora
pão para acompanhar (opcional)

- Numa panela grande com água fervente e sal, cozinhe o espaguete por 8-10 minutos, até ficar macio. Escorra e mantenha aquecido.
- Enquanto isso, aqueça o azeite numa frigideira grande e refogue o alho, a echalota e o aipo em fogo médio, mexendo de vez em quando, por 3-4 minutos. Adicione os tomates frescos, aumente o fogo e refogue por mais 2-3 minutos. Mexa de vez em quando. Incorpore o tomate pelado em lata e o vinho.
- Deixe o molho de tomate levantar fervura, reduza um pouco o fogo e cozinhe por 8-10 minutos, até reduzir a um terço. Adicione as ervas, os camarões e os frutos do mar e cozinhe por 3-4 minutos, até que os frutos do mar fiquem opacos, e a mistura, bem quente. Tempere com sal e pimenta. Acrescente o espaguete escorrido e misture bem para incorporar com o molho.
- Sirva em tigelas ou pratos aquecidos com pão para absorver o molho, se preferir.

10 Frutos do mar de panela

Aqueça 25 g de manteiga com um fio de azeite em wok e salteie em fogo alto 250 g de camarões sem casca cozidos e 240 g de frutos do mar cozidos congelados, até ficarem opacos. Adicione 125 ml de vinho branco, tampe, chacoalhe a panela e cozinhe por 3 minutos. Adicione 4 colheres (sopa) de xerez, tampe e cozinhe por mais 3 minutos. Tempere com sal e pimenta-do-reino. Sirva na panela, salpicado com salsa e acompanhado de pão.

20 Paella de frutos do mar

Derreta 25 g de manteiga numa frigideira grande antiaderente e refogue em fogo médio por 4 minutos 1 cebola bem picada, uma pitada de açafrão, 2 pimentões vermelhos sem sementes cortados e 2 tomates picados. Mexa de vez em quando. Adicione 250 g de arroz parboilizado, 250 g de camarões sem casca cozidos, 240 g de frutos do mar crus descongelados e 2 colheres (sopa) de vinho branco. Cozinhe tudo em fogo brando por mais 3 minutos. Acrescente 150 ml de caldo de legumes e cozinhe por mais 5-6 minutos, até os camarões ficarem rosados; os frutos do mar, opacos; e o arroz, macio. Misture 3 colheres (sopa) de salsa picada. Tempere com sal e pimenta. Sirva imediatamente, acompanhado de raminhos de salsa e fatias de limão.

30 Bolinhos de atum com queijo e milho

4 porções

300 g purê de batata pronto
½ colher (chá) de pimenta-do-reino moída na hora
50 g de cheddar ralado
200 g de atum em óleo, escorrido e em pedaços
100 g de milho-verde
3 colheres (sopa) de salsa picada
175 g de farinha de rosca integral
1 ovo
óleo vegetal para fritar

Para servir

molho holandês ou bérnaise
salada de rúcula temperada com limão

- Coloque o purê de batata numa tigela com a pimenta-do-reino e o cheddar e bata bem até ficar homogêneo. Acrescente o atum, o milho-verde e a salsa. Misture bem. Tempere com sal. Modele oito discos (no formato de hambúrgueres).
- Coloque a farinha de rosca em um prato. Bata o ovo numa tigela rasa. Mergulhe cada disco no ovo e pincele levemente. Empane na farinha de rosca.
- Aqueça 6-8 colheres (sopa) de óleo vegetal numa frigideira grande e frite os bolinhos de peixe em duas partes em fogo médio, por 4-5 minutos, virando uma vez, até ficarem dourados e crocantes. Retire com uma escumadeira, escorra em papel-toalha e mantenha a primeira parte quente enquanto frita o restante.
- Sirva os bolinhos de peixe quentes, com colheradas de molho holandês ou bérnaise e uma salada simples de rúcula com limão.

---

10 Gratinado de atum e milho Misture 1 lata de 200 g de atum em óleo, escorrido e em pedaços, 100 g de milho-verde e 2 colheres (sopa) de maionese. Corte uma ciabatta ao meio no sentido comprimento e depois corte cada parte novamente ao meio. Espalhe a mistura de atum em cada parte do pão e rale 25 g de cheddar por cima. Gratine em forno preaquecido em temperatura média por 2 minutos, até dourar. Sirva imediatamente com uma salada verde.

20 Fusilli cremoso com atum e milho Numa panela grande com água fervente e um pouco de sal, cozinhe 225 g de fusilli por 10-12 minutos, até ficar macio. Escorra. Enquanto isso, derreta a manteiga numa panela, adicione a farinha e mexa por alguns segundos. Retire do fogo e coloque 300 ml de leite, um pouco de cada vez, mexendo sempre. Acrescente 50 g de cheddar ralado. Volte para o fogo e deixe levantar fervura, mexendo constantemente, até engrossar. Adicione ao molho 1 lata de 200 g de atum em óleo, escorrido e em pedaços, 100 g de milho-verde e 3 colheres (sopa) de salsa picada. Tempere com sal e pimenta-do-reino. Incorpore a massa escorrida ao molho e sirva imediatamente em pratos aquecidos.

20 Fritada de salmão cajun com pimentões

4 porções

1 colher (sopa) de azeite
1 pimentão vermelho sem sementes cortado em pedaços
1 pimentão verde sem sementes cortado em pedaços
1 cebola pequena fatiada
1 pimenta vermelha pequena picada
6 colheres (sopa) de coentro fresco picado, mais um pouco para servir
250 g de filés de salmão sem pele
2,5 cm de gengibre fresco descascado e picado
2 colheres (chá) de tempero cajun
6 ovos
sal e pimenta-do-reino moída na hora
salada para acompanhar

- Aqueça o azeite numa frigideira antiaderente de 23 cm com cabo refratário e refogue os pimentões, a cebola e a pimenta vermelha em fogo médio, mexendo de vez em quando, por 3-4 minutos. Adicione o coentro. Abra um espaço no meio da frigideira, acrescente os filés de salmão e grelhe por 3-4 minutos, virando uma vez.
- Corte os filés em lascas dentro da frigideira e adicione o gengibre e o tempero cajun. Incorpore todos os ingredientes com cuidado. Bata os ovos e tempere com um pouco de sal e pimenta. Derrame sobre os legumes e o salmão e cozinhe em fogo baixo por 3-4 minutos, até a base da fritada ficar cozida.
- Leve a frigideira ao forno preaquecido em temperatura média, deixe por 4-5 minutos, até dourar. Corte em fatias e sirva com uma salada simples.

10 Salmão cajun simples

Misture um pouco de gengibre ralado ou em pó com 2 colheres (chá) de tempero cajun e passe sobre 250 g de filés de salmão sem pele temperados com sal. Aqueça 3 colheres (sopa) de azeite numa frigideira grande e grelhe o salmão em fogo médio por 9 minutos, virando na metade do processo, até grelhar o peixe. Sirva com pão e salada.

30 Bolinhos de salmão cajun

Aqueça 1 colher (sopa) de azeite numa frigideira grande e refogue 1 pimentão vermelho sem sementes cortado em pedaços, 1 cebola pequena picada e 250 g de filés de salmão sem pele temperados com sal por 9 minutos. Vire os filés no meio do processo. Corte o salmão em pequenas lascas na frigideira. Coloque-o numa tigela grande com o pimentão, a cebola e 225 g de purê de batata pronto preparado conforme as instruções da embalagem. Misture tudo com 2 colheres (chá) de tempero cajun, um pedaço de gengibre fresco de 2,5 cm descascado e ralado, 6 colheres (sopa) de coentro fresco picado e 1 ovo batido. Modele oito bolinhos de peixe com a massa. Aqueça 3 colheres (sopa) de azeite na frigideira e frite em fogo médio por cerca de 5 minutos de cada lado, até dourarem. Sirva com batatas assadas e salada.

30 Tagliatelle ao molho de camarão e queijos com espinafre

4 porções

250 g de tagliatelle seco
2 colheres (sopa) de azeite
1 cebola roxa cortada em fatias finas
1 maço de cebolinha fatiada
1 dente de alho fatiado
300 g de camarões crus sem casca
200 g de folhas de espinafre
400 g de mascarpone
50 g de parmesão ralado
sal e pimenta-do-reino moída na hora
pão integral levemente tostado para acompanhar (opcional)

- Numa panela grande com água fervente e um pouco de sal, cozinhe o tagliatelle por 8-10 minutos, até ficar macio. Escorra.
- Enquanto isso, aqueça o azeite numa frigideira grande e refogue a cebola em fogo médio, mexendo de vez em quando, por 5 minutos. Adicione as cebolinhas e o alho e refogue por 2 minutos, mexendo com frequência. Acrescente os camarões e refogue em fogo alto. Continue mexendo por mais 2 minutos. Adicione as folhas de espinafre e refogue por 1-2 minutos, até o espinafre murchar, e os camarões ficarem rosados.
- Acrescente o mascarpone e misture bem, até derreter. Tempere com sal e pimenta e acrescente o parmesão e a massa escorrida. Aqueça, incorporando os ingredientes.
- Sirva em pratos aquecidos e, se desejar, acompanhe com pão integral tostado.

---

10 Talharim com camarões salteados

Cozinhe 200 g de talharim de ovos seguindo as instruções da embalagem. Escorra. Enquanto isso, aqueça 2 colheres (sopa) de óleo de amendoim em wok ou frigideira grande e salteie 1 pimenta vermelha picada e 2 dentes de alho fatiados em fogo alto por 1 minuto. Adicione 500 g de camarões crus e sem casca e salteie, por 3 minutos. Acrescente 300 g de legumes mistos prontos, 2 colheres (sopa) de shoyu e a mesma quantidade de molho de pimenta agridoce chinês e sal. Adicione a massa e incorpore bem.

20 Camarões com pimenta, espinafre e queijo

Camarões com pimenta, espinafre e queijo Coloque 500 g de camarões crus numa tigela não metálica e adicione o suco de 2 limões e um pouco de tabasco. Cubra e deixe marinar por 10 minutos. Enquanto isso, aqueça 2 colheres (sopa) de azeite numa frigideira grande e refogue 2 cebolas roxas cortadas em fatias finas e 2 dentes de alho amassados em fogo médio, mexendo com frequência, por cerca de 3 minutos. Adicione 1 colher (chá) de pimenta-calabresa em flocos e refogue por mais 2 minutos. Transfira para uma travessa refratária e salpique 250 g de espinafre cozido sem o caldo. Escorra os camarões e acrescente à travessa. Tempere com sal e pimenta-do-reino, espalhe 200 ml de creme de leite fresco por cima e salpique 125 g de muçarela e a mesma quantidade de parmesão. Gratine em forno preaquecido em temperatura alta por cerca de 10 minutos, até dourar. Sirva com coentro fresco salpicado e uma fatia de pão francês fresco.

30 Hadoque defumado com purê e ovos pochés

4 porções

750 g de batata descascada e picada
5 colheres (sopa) de leite
50 g de manteiga
4 colheres (sopa) de salsa picada
4 filés de hadoque defumado com cerca de 150 g cada
4-5 gotas de suco de limão ou vinagre de vinho branco
4 ovos
200 ml de molho holandês ou bérnaise
sal e pimenta-do-reino moída na hora

- Cozinhe as batatas numa panela grande com água fervente e um pouco de sal por 20 minutos. Escorra, volte para a panela e amasse com leite e manteiga. Tempere generosamente com sal e pimenta e misture a salsa.
- Enquanto isso, coloque o peixe numa assadeira e leve ao forno preaquecido a 200 °C por 15 minutos, até ficar opaco e assado.
- Encha uma panela até a metade com água e deixe levantar fervura. Quando estiver fervendo, adicione o suco de limão ou vinagre. Mexa a água em movimentos circulares e quebre o ovo no redemoinho que se formou. Cozinhe por 1-2 minutos, até a clara ficar cozida, e a gema, do jeito que você preferir. Retire com uma escumadeira e mantenha aquecido enquanto cozinha da mesma forma os ovos restantes.
- Distribua o purê em quatro pratos, colocando um filé de peixe e o ovo poché salpicado com um pouco de pimenta-do-reino moída na hora. Finalize com molho holandês ou bérnaise por cima ou numa tigela separada.

---

10 Brioches com salmão defumado e ovos Cozinhe 4 ovos pochés como acima. Enquanto isso, corte e toste ligeiramente 4 fatias de brioches. Coloque nos pratos e distribua 250 g de fatias de salmão defumado sobre cada fatia de brioche tostada. Por cima de cada uma, sirva um ovo poché com colheradas de molho holandês ou bérnaise. Salpique salsa.

20 Kedgeree de hadoque defumado com ovos Cozinhe 150 g de arroz basmati numa panela com água fervente e um pouco de sal por 15 minutos. Escorra. Enquanto isso, cozinhe 4 ovos numa panela com água por 6 minutos. Escorra e resfrie sob água corrente fria. Coloque 250 g de hadoque defumado numa travessa apropriada, tampe e cozinhe no micro-ondas em potência alta por 2-3 minutos. Tire a pele e lasque o hadoque, descartando as espinhas. Derreta 15 g de manteiga numa panela e refogue meia cebola fatiada em temperatura baixa, mexendo com frequência por cerca de 3 minutos, até amaciar. Adicione 2 colheres (chá) de pasta de curry suave e refogue por mais 1-2 minutos. Acrescente o arroz cozido e o peixe e tempere generosamente com sal e pimenta-do-reino. Leve ao fogo médio por cerca de 2 minutos até aquecer bem. Adicione 4 colheres (sopa) de salsa picada e o suco de meio limão. Descasque os ovos, corte em quatro e arrume por cima do kedgeree para servir.

20 Tomates-cereja e bacalhau salteados com bacon

4 porções

2 colheres (sopa) de azeite
1 maço de cebolinha picada
1 dente de alho em fatias finas
175 g de bacon sem capa picado
250 g de tomates-cereja cortados ao meio
375 g de filés de bacalhau fresco, abrótea ou robalo sem pele em cubos
raspas de 1 limão-siciliano
2 maços grandes de espinafre
150 g de feta amassado
pão levemente tostado para acompanhar

- Aqueça o azeite numa frigideira grande e refogue em fogo alto as cebolinhas, o alho e o bacon, mexendo com frequência por 2-3 minutos, até o bacon dourar. Adicione os tomates e o peixe, reduza o fogo e refogue por mais 3-4 minutos, mexendo com cuidado, de modo que os cubos de peixe se mantenham inteiros.
- Espalhe por cima as raspas de limão e as folhas de espinafre, tampe e cozinhe por 1-2 minutos, até o espinafre murchar. Misture todos os ingredientes cuidadosamente. Salpique o feta por cima.
- Sirva em pratos aquecidos com o pão para absorver todo o molho.

10 Gratinado de bacalhau, tomate e bacon

Derreta 15 g de manteiga com 1 colher (sopa) de azeite numa frigideira e refogue em fogo alto 1 maço de cebolinha picada com seis fatias de bacon picadas. Mexa sem parar por 2 minutos. Adicione 375 g de filés de bacalhau defumado sem pele em cubos e refogue por 2 minutos. Transfira para uma travessa refratária e salpique 4 colheres (sopa) de farinha de rosca, 2 colheres (sopa) de cheddar e 1 colher (sopa) de salsa misturados. Tempere com sal e pimenta-do--reino. Espalhe por cima um punhado de tomates-cereja cortados ao meio. Gratine no forno em temperatura alta por 2 minutos. Sirva com pão francês tostado.

30 Tomate e bacalhau defumado ao forno

Aqueça 1 colher (sopa) de azeite numa frigideira e refogue em fogo alto 4 alhos-porós fatiados, 1 dente de alho fatiado e 175 g de bacon sem capa picado. Mexa com frequência por 3 minutos. Transfira para uma travessa refratária com 375 g de bacalhau defumado sem pele em cubos (pode ser substituído por hadoque, truta ou salmão defumado) e 5 tomates fatiados. Tempere com pimenta-do-reino e misture bem. Torre quatro fatias de pão branco e bata num processador para fazer uma farinha de rosca mais grossa. Numa pequena tigela, misture o pão processado com 3 colheres (sopa) de cheddar ralado e 1 colher (sopa) de salsa picada. Salpique a mistura e leve ao forno preaquecido a 180 °C por 25 minutos. Sirva com pão tostado.

30 Espetos picantes de salmão em cama de arroz

4 porções

4 colheres (sopa) de molho de pimenta agridoce chinês
4 colheres (sopa) de mel
4 colheres (sopa) de coentro picado
2 cebolinhas bem picadas
1 colher (sopa) de óleo de gergelim
500 g de filés de salmão sem pele cortados em pedaços
sal e pimenta-do-reino moída na hora

Para o arroz

250 g de arroz basmati
2 colheres (sopa) de óleo de gergelim
1 cebola roxa em fatias finas
6 cebolinhas picadas
175 g de ervilha-torta fatiada
4 colheres (sopa) de coentro picado

- Numa panela com água fervente e sal, cozinhe o arroz por 15 minutos, até ficar macio. Escorra e mantenha aquecido.
- Enquanto isso, numa tigela, misture o molho de pimenta, o mel, o coentro, as cebolinhas e o óleo. Adicione os pedaços de salmão e misture bem. Tempere com um pouco de pimenta-do-reino.
- Espete o salmão em oito espetos de metal. Coloque na grelha do forno coberta com papel-alumínio em temperatura média por 7-8 minutos, virando 2-3 vezes, até ficar ligeiramente chamuscado em alguns pontos.
- Enquanto isso, aqueça o óleo em uma frigideira grande ou wok e frite a cebola roxa, salteando em fogo alto por 3 minutos. Adicione as cebolinhas e as fatias de ervilha-torta e salteie por mais 2 minutos, até começar a ficar macio. Adicione o arroz escorrido e salteie por mais 2 minutos. Por fim, adicione o coentro, tempere com sal e pimenta e misture bem. Coloque o arroz nos pratos e os espetos de salmão por cima.

---

10 Salmão ao mel e mostarda com tiras de abobrinha Numa tigela, misture 1 colher (sopa) de mostarda extraforte, 1 colher (sopa) de shoyu, o suco de 1 limão-siciliano e 1 colher (chá) de mel. Pincele a mistura em 4 filés de salmão temperados com sal e coloque numa grelha coberta com papel-alumínio. Asse o salmão em forno preaquecido em temperatura média por 8 minutos ou até dourar. Enquanto isso, corte 1 abobrinha em tiras e cozinhe no vapor. Sirva com os filés e gomos de limão.

20 Talharim verde com salmão ao mel Cozinhe 200 g de talharim de ovos numa panela com água fervente por cerca de 4 minutos, até ficar macio. Escorra e enxágue com água fria corrente. Misture o talharim com 4 colheres (sopa) de coentro fresco picado, a mesma quantidade de hortelã e de manjericão e 2 abobrinhas em tiras. Adicione 2 colheres (sopa) de shoyu e 1 colher (sopa) de suco de limão e sal a gosto e misture bem com o talharim. Corte 500 g de filés de salmão sem pele em tiras de 1,5 cm de largura e misture com 2 colheres (sopa) de mel, sal e pimenta-do-reino moída na hora. Aqueça uma frigideira antiaderente grande e grelhe o salmão em fogo alto por 2 minutos de cada lado, até o mel ficar dourado. Para servir, coloque o talharim nos pratos e as tiras de salmão por cima.

30 Risoto de azeitonas pretas e tomate com bacalhau

4 porções

4 filés de bacalhau fresco ou abrótea com cerca de 175 g cada
2 colheres (sopa) de azeite
1 cebola roxa bem picada
100 g de azeitonas pretas picadas
100 g de tomate pelado em lata picado
250 g de arroz arbóreo
900 ml de caldo quente de frango
50 g de parmesão ralado
50 g de manjericão picado
sal e pimenta-do-reino moída na hora

- Coloque os filés de bacalhau numa assadeira e regue com 1 colher (sopa) do azeite. Tempere com sal e pimenta. Reserve.
- Aqueça a colher (sopa) restante de azeite numa frigideira grande e refogue a cebola em fogo médio, mexendo com frequência por 3-4 minutos. Adicione as azeitonas e os tomates e refogue por 1 minuto. Adicione o arroz e derrame metade do caldo. Deixe levantar fervura, reduza bem o fogo e cozinhe lentamente, mexendo de vez em quando, por 5-6 minutos, até absorver quase todo o caldo.
- Leve o bacalhau ao forno preaquecido a 200 °C por 15 minutos, até assar. Enquanto isso, misture o caldo restante ao arroz e continue cozinhando em fogo baixo, mexendo de vez em quando, até quase todo o caldo ser absorvido. Retire do fogo e misture o parmesão e o manjericão. Tempere com sal e pimenta.
- Sirva o risoto em pratos aquecidos com o bacalhau assado.

---

10 Bacalhau ao parmesão com salada de avocado e agrião Coloque 4 colheres (sopa) de farinha de trigo num prato raso e tempere com sal e pimenta-do-reino moída na hora. Empane 4 filés de bacalhau fresco ou abrótea com cerca de 150 g cada com a farinha temperada e mergulhe o peixe em 2 ovos batidos numa travessa rasa. Depois empane os filés em 75 g de parmesão ralado, assegurando-se de que o peixe fique bem coberto. Aqueça 1 colher (sopa) de azeite numa frigideira grande e frite os filés de bacalhau em fogo alto por 2 minutos de cada lado, dependendo da espessura deles, até dourarem. Enquanto isso, misture numa tigela 2 avocados descascados e picados, 1 maço de agrião, 2 colheres (sopa) de azeite extravirgem e o suco de 1 limão-siciliano. Sirva com os filés de bacalhau.

20 Bacalhau com tomate, manjericão e muçarela de búfala Coloque 4 pedaços de lombo de bacalhau fresco com cerca de 175 g cada numa assadeira untada. Regue com azeite e tempere com sal e pimenta-do-reino moída na hora. Espalhe por cima 100 g de tomate pelado em lata picado, 50 g de manjericão picado e 2 bolas de muçarela de búfala com cerca de 150 g cada fatiadas. Salpique 50 g de parmesão ralado, regue com mais azeite e leve à prateleira mais alta do forno preaquecido a 220 °C por 15 minutos, até dourar.

Delícias vegetarianas

Listas de receitas por tempo de preparo

30

20

10

20 Curry vegetariano tailandês

4 porções

500 g de abóbora-paulista descascada sem sementes e cortada em pedaços
2 pimentões vermelhos sem sementes e cortados em pedaços
175 g de minimilhos
250 g de couve-flor cortada em buquês
2 colheres (sopa) de pasta de curry verde
800 ml de leite de coco
150 ml de caldo de legumes
175 g de ervilhas-tortas
1 colher (sopa) de farinha de milho
4 colheres (sopa) de coentro fresco picado
arroz basmati pronto
sal e pimenta-do-reino moída na hora

- Coloque a abóbora, os pimentões, o milho e a couve-flor numa panela grande, adicione a pasta de curry, o leite de coco e o caldo e deixe levantar fervura. Reduza bem o fogo, tampe e cozinhe por 15 minutos, até os legumes ficarem macios. Acrescente as ervilhas-tortas nos últimos 5 minutos de cozimento e tempere.
- Misture 2 colheres (sopa) de água fria com a farinha de milho, adicione ao curry e cozinhe, mexendo constantemente, até engrossar ligeiramente. Tempere com sal e pimenta. Misture o coentro e sirva acompanhado de arroz basmati, se preferir.

---

10 Sopa tailandesa de milho e couve-flor com curry Corte 250 g de couve-flor cortada em buquês e coloque numa panela grande com 800 ml de leite de coco, 2 colheres (sopa) de pasta de curry verde, 150 ml de caldo de legumes e 175 g de minimilhos. Cozinhe em fogo alto por 9 minutos, mexendo de vez em quando. Tempere com sal e pimenta-do-reino moída na hora. Adicione 4 colheres (sopa) de coentro fresco picado antes de servir.

30 Curry vegetariano da Malásia Num processador, bata 3 dentes de alho, 2 pimentas vermelhas, 2 talos de capim-limão, um pedaço de 3,5 cm de gengibre descascado, 3 echalotas picadas, 3 colheres (sopa) de óleo vegetal, 1 colher (sopa) de açúcar de palma ou mascavo, 1 colher (chá) de açafrão-da-terra em pó e a mesma quantidade de canela em pó, para fazer uma pasta. Coloque numa panela 500 g de abóbora--paulista descascada, sem sementes e cortada em pedaços, 2 pimentões vermelhos em pedaços, 175 g de minimilhos e 250 g de couve-flor cortada em buquês. Adicione a pasta de curry, 2 anises-estrelados, raspas de limão, 800 ml de leite de coco e 150 ml de caldo de legumes. Ao ferver, abaixe o fogo e cozinhe por 15 minutos, até os legumes ficarem macios. Adicione 175 g de ervilhas-tortas nos últimos 5 minutos de cozimento. À parte, misture 2 colheres (sopa) de água fria com 1 colher (sopa) de farinha de milho. Adicione a mistura ao curry e cozinhe, mexendo até engrossar. Acrescente 4 colheres (sopa) de coentro fresco picado. Pode ser servido com arroz basmati. Tempere a gosto.

30 Hambúrguer de feijão com vinagrete

4 porções

250 g de feijão cozido sem o caldo
4 colheres (sopa) de coentro picado
1 pimenta vermelha pequena
1 colher (sopa) de páprica em pó
½ colher (chá) de cominho em pó
½ colher (chá) de coentro em pó
3 cebolinhas picadas
1 gema
100 g de farinha de rosca
óleo vegetal para fritar
sal e pimenta-do-reino moída na hora
4 pães integrais para hambúrguer e folhas de rúcula para acompanhar

Para o vinagrete

2 tomates bem picados
1 colher (sopa) de azeite
2 colheres (sopa) de coentro picado
2 cebolinhas picadas
sal e pimenta-do-reino moída na hora

- Amasse o feijão com um garfo até formar uma massa, mas ainda com alguns grãos inteiros. Adicione o coentro, metade da pimenta bem picada, os temperos em pó, a cebolinha, a gema e a farinha de rosca. Tempere com sal e pimenta e misture bem. Modele quatro hambúrgueres.
- Aqueça 3-4 colheres (sopa) de óleo vegetal numa frigideira grande e grelhe os hambúrgueres em fogo médio por 2-3 minutos de cada lado, até dourarem. Mantenha aquecido.
- Para o vinagrete, coloque os tomates, o azeite e o coentro numa tigela, adicione o restante da pimenta e a cebolinha e misture bem. Tempere com um pouco de sal e pimenta.
- Sirva cada hambúrguer num pão integral com algumas folhas de rúcula e um pouco do vinagrete.

---

10 Sopa de letrinhas com feijão Coloque 250 g de feijão cozido sem o caldo numa panela com 300 g de molho de tomate pronto e 750 ml de caldo quente de legumes. Deixe levantar fervura, adicione 100 g de macarrão de letrinhas e cozinhe, seguindo as instruções da embalagem. Sirva com pãezinhos levemente tostados.

20 Tortilhas gratinadas de feijão Aqueça 1 colher (chá) de azeite numa panela grande e refogue 1 cebola picada em fogo médio, mexendo com frequência por 3 minutos. Adicione meia colher (chá) de chilli em pó, 250 g de molho de tomate com ervas finas em lata. Refogue em fogo alto por 5 minutos, até engrossar um pouco. Adicione 200 g de seleta de legumes congelados e refogue por mais 3 minutos. Adicione 250 g de feijão cozido sem o caldo e tempere com sal e pimenta-do-reino. Separe 5 folhas de pão para wrap e coloque numa travessa refratária, espalhe um pouco do molho por cima e salpique cheddar. Faça camadas alternando as tortilhas, o molho e o queijo e finalize com o queijo ralado. Asse em forno preaquecido a 180 °C por 10 minutos, até derreter o queijo. Corte em fatias e sirva com creme de leite fresco misturado com gotas de limão e cebolinha picada.

30 Fusilli com molho aromático de legumes assados

4 porções

2 abobrinhas cortadas em pedaços
1 berinjela cortada em pedaços
1 cebola roxa grande cortada em pedaços
4 colheres (sopa) de azeite
1 cebola grande picada
2 dentes de alho fatiados
500 g de tomates maduros picados
3 colheres (sopa) de extrato de tomate
4 colheres (sopa) de salsa picada
1 colher (sopa) de alecrim picado
250 g de fusilli seco
sal
pão para acompanhar (opcional)

- Coloque as abobrinhas, a berinjela e a cebola numa assadeira grande e regue os legumes com 3 colheres (sopa) do azeite. Tempere com sal e pimenta. Leve ao forno preaquecido a 220 °C por 20 minutos, até os legumes ficarem macios e um pouco chamuscados em alguns pontos.
- Enquanto isso, aqueça a colher (sopa) restante do azeite numa frigideira grande e refogue a cebola e o alho em fogo médio, mexendo com frequência por 3 minutos. Adicione os tomates e refogue por mais 10 minutos, mexendo de vez em quando. Acrescente o extrato de tomate, as ervas e 150 ml de água e deixe levantar fervura. Reduza bem o fogo e cozinhe por 5 minutos.
- Enquanto isso, cozinhe o fusilli numa panela grande com água fervente e um pouco de sal por 10-12 minutos, até ficar macio. Escorra.
- Adicione os legumes assados ao molho de tomate, junte a massa escorrida e incorpore bem. Sirva em pratos aquecidos com pão levemente tostado.

---

10 **Fusilli cremoso com legumes** Cozinhe 500 g de fusilli seco numa panela grande com água fervente e um pouco de sal por 3-4 minutos, até a massa ficar macia. Bata 200 g de antepasto de abobrinha escorrido com 1 lata de creme de leite, 2 dentes de alho e sal. Incorpore a massa escorrida. Junte 300 g de antepasto de alcachofra bem escorrido e 1 colher (sopa) de alecrim picado. Aqueça em fogo médio. Sirva com parmesão ralado e pão de alho assado.

20 **Cuscuz marroquino com legumes assados e feta** Coloque 2 abobrinhas e 1 berinjela cortadas em pedaços e 1 cebola roxa grande, também em pedaços, numa assadeira e regue com 3 colheres (sopa) de azeite. Tempere com sal e pimenta-do--reino. Leve ao forno preaquecido a 220 °C por 20 minutos, até os legumes ficarem macios e ligeiramente chamuscados em alguns pontos. Enquanto isso, coloque 200 g de cuscuz marroquino numa tigela e adicione água quente suficiente para cobrir os grãos com sobra de 1 cm. Misture meia colher (chá) de sal e deixe o cuscuz absorver a água durante 15 minutos. Solte o cuscuz com um garfo e misture 1 colher (sopa) de azeite e o suco de meio limão-siciliano. Misture os legumes assados aos cuscuz e tempere com um pouco de sal e pimenta-do-reino moída na hora. Salpique 200 g de feta amassado e algumas folhas de manjericão.

10 Salada de omelete com manjericão, feta e tomate-cereja

4 porções

2 colheres (sopa) de azeite
2 ovos batidos
25 g de manjericão picado
200 g de feta escorrido e amassado
250 g de tomates-cereja cortados ao meio
80 g de agrião
1 colher (sopa) de vinagre balsâmico
sal e pimenta-do-reino moída na hora

- Aqueça 1 colher (sopa) do azeite numa frigideira antiaderente grande e gire-a um pouco, espalhando o azeite. Bata os ovos com o manjericão, sal e bastante pimenta e despeje sobre a frigideira, formando uma camada fina. Cozinhe por 1-2 minutos, até dourar. Retire e corte em tiras grossas.
- Enquanto isso, numa tigela, misture o feta, os tomates-cereja e o agrião. Misture o vinagre balsâmico com o restante do azeite e derrame sobre a salada. Tempere a gosto. Misture até incorporar os sabores.
- Adicione as tiras de omelete, misture e sirva ainda morno.

---

20 **Fritada de feta, tomate-cereja e manjericão** Aqueça 2 colheres (sopa) de azeite numa frigideira de 25 cm com cabo refratário e gire-a um pouco, espalhando o azeite. Bata 6 ovos e tempere com sal e pimenta-do-reino. Despeje na frigideira e cozinhe em fogo médio por 2-3 minutos. Espalhe por cima 250 g de tomates-cereja cortados ao meio, 200 g de feta escorrido e amassado e um punhado de azeitonas pretas picadas. Refogue por mais 3 minutos, até a base ficar pronta, e leve a frigideira ao forno preaquecido em temperatura alta. Cozinhe por 2-3 minutos, até dourar a parte de cima, e o feta ficar macio. Sirva com folhas de rúcula e uma pitada de manjericão por cima. Regue com suco de limão e sirva em fatias.

---

30 **Pizza de muçarela, manjericão e ovo com tomate-cereja** Em um disco de pizza grande, espalhe 8 colheres (sopa) de molho de tomate para pizza pronto e 100 g de tomates-cereja cortados ao meio por cima, deixando um espaço no centro. Quebre um ovo nesse espaço. Salpique com um punhado de manjericão e 75 g de muçarela, evitando salpicar sobre o ovo. Leve ao forno preaquecido a 220 °C por 15-20 minutos, até a base ficar dourada e crocante, e o queijo, derretido.

20 Curry de batata-doce, grão-de-bico e castanhas de caju

4 porções

2 colheres (sopa) de óleo vegetal
1 cebola picada
4 batatas-doces descascadas e picadas
3 colheres (sopa) de pasta de curry amarelo
250 g de grão-de-bico cozido sem o caldo
250 g de tomate pelado em lata e picado
400 ml de leite de coco
100 g de castanhas de caju tostadas
3 colheres (sopa) de coentro fresco
sal e pimenta-do-reino moída na hora
naan ou arroz cozido para acompanhar

- Aqueça o óleo numa frigideira grande e refogue a cebola e as batatas-doces em fogo médio por 5 minutos, mexendo de vez em quando, até ficarem macias. Adicione a pasta de curry e refogue por 1 minuto. Adicione o grão-de-bico, os tomates e o leite de coco. Tempere com sal e pimenta e deixe levantar fervura.
- Reduza bem o fogo e cozinhe por 10 minutos, até o molho engrossar um pouco, e as batatas ficarem bem macias. Adicione metade das castanhas de caju.
- Sirva com o coentro e o restante das castanhas de caju por cima, acompanhado de naan ou arroz cozido.

---

10 Cuscuz marroquino de batata-doce, grão-de-bico e castanhas de caju Numa tigela, adicione água fervente a 200 g de cuscuz marroquino pronto, seguindo as instruções da embalagem, e deixe hidratar por 5 minutos. Enquanto isso, aqueça 2 colheres (sopa) de óleo vegetal numa frigideira grande e refogue 1 cebola picada e 4 batatas-doces descascadas e picadas em fogo médio, mexendo de vez em quando, por 5 minutos. Adicione 250 g de grão-de-bico cozido sem o caldo e aqueça. Tempere com sal e pimenta-do--reino. Misture no cuscuz com 3 colheres (sopa) de coentro picado e 125 g de castanhas de caju tostadas.

---

30 Curry luxuoso de batata-doce, grão-de-bico e castanhas de caju No processador, bata 50 g de amêndoas inteiras com 2 dentes de alho, até triturar bem e virar uma pasta. Aqueça 2 colheres (sopa) de óleo vegetal numa frigideira grande e refogue em fogo médio 1 cebola picada com 4 batatas-doces descascadas e picadas e 3 colheres (sopa) de pasta de curry amarelo por 5 minutos. Mexa de vez em quando. Adicione a mistura de amêndoas e refogue por mais 2 minutos. Acrescente 250 g de grão-de-bico cozido sem o caldo, 250 g de tomate picado, 250 ml de leite de coco e 125 ml de creme de leite fresco. Deixe quase levantar fervura, reduza bem o fogo e cozinhe por 10 minutos, até o molho engrossar ligeiramente, e as batatas cozinharem. Tempere com sal e pimenta-do-reino. Adicione 50 g de castanhas de caju tostadas. Espalhe 3 colheres (sopa) de coentro fresco picado e mais 50 g de castanhas de caju tostadas por cima. Sirva com naan aquecido ou arroz cozido.

30 Espetinhos de legumes com pilaf de amêndoas

4 porções

250 g de arroz integral
1 berinjela cortada em pedaços
2 abobrinhas cortadas em pedaços
200 g de champignons cortados ao meio se forem grandes
4 colheres (sopa) de salsa picada, mais um pouco para salpicar
1 colher (sopa) de alecrim
150 ml de azeite
raspas e suco de 2 limões-sicilianos
250 g de tomates-cereja
100 g de amêndoas em lâminas tostadas
2 cenouras descascadas e raladas
2 colheres (sopa) de shoyu
sal e pimenta-do-reino moída na hora

- Para o pilaf, cozinhe o arroz por 25 minutos numa panela grande com água fervente e um pouco de sal. Escorra e interrompa o cozimento sob água fria corrente. Depois, escorra novamente.
- Coloque a berinjela, as abobrinhas e os champignons numa tigela grande. Pique as 4 colheres (sopa) de salsa e o alecrim e bata com o azeite, as raspas e o suco de limão em outra tigela. Tempere com sal e pimenta, reserve um pouco e derrame o restante sobre os legumes. Misture bem.
- Coloque os legumes temperados e os tomates em oito espetos de metal. Grelhe-os na churrasqueira, em uma frigideira tipo grill preaquecida ou no forno em temperatura média, virando de vez em quando, por 8-10 minutos, até ficarem macios e levemente chamuscados.
- Misture o arroz, as amêndoas, as cenouras, o restante do molho e o shoyu. Tempere com um pouco de sal e pimenta. Sirva os espetinhos quentes sobre uma cama de pilaf de amêndoas.

---

10 Chop suey com legumes mistos Bata 2 ovos e tempere com sal e pimenta-do-reino. Aqueça 1 colher (sopa) de óleo vegetal numa frigideira grande e derrame os ovos, formando uma camada fina. Cozinhe em fogo médio por 1-2 minutos, até dourar. Retire e corte em pedaços. Aqueça outra colher (sopa) de óleo na frigideira e refogue 300 g de legumes mistos congelados por 3-4 minutos. Adicione 250 g de arroz pré-cozido e a omelete rasgada e misture. Tempere com um pouco de shoyu e sirva com 50 g de lâminas de amêndoas tostadas.

20 Espetinhos de legumes com cuscuz de hortelã Prepare os espetinhos de legumes como na receita acima. Coloque 200 g de cuscuz marroquino numa tigela e adicione água fervente suficiente para cobrir 1 cm além dos grãos. Deixe hidratar enquanto cozinha os espetinhos como na receita acima. Numa tigela, bata 3 colheres (sopa) de azeite, 2 colheres (sopa) de suco de limão-siciliano, 1 colher (sopa) de mel, meia colher (chá) de pasta harissa e um punhado de hortelã picada e derrame sobre o cuscuz. Misture bem. Sirva com os espetinhos quentes.

20 Estrogonofe de cogumelos

4 porções

4 colheres (sopa) de azeite
1 cebola bem picada
375 g de champignons limpos e cortados em quatro
175 g de cogumelos shitake limpos e cortados ao meio
100 g de cogumelos-ostra limpos e cortados ao meio
1 colher (sopa) de conhaque
1 colher (chá) de mostarda de Dijon
200 ml de creme de leite fresco
arroz integral ou branco cozido para acompanhar
4 colheres (sopa) de salsa picada
sal e pimenta-do-reino moída na hora

- Aqueça o azeite numa frigideira grande e refogue a cebola em fogo médio, mexendo com frequência, por 2-3 minutos. Adicione os champignons e refogue por 5 minutos. Mexa com frequência, até dourar levemente. Adicione os cogumelos shitake e os cogumelos-ostra e refogue por mais 5 minutos, até ficarem macios.
- Derrame o conhaque sobre a mistura de cogumelos e mexa em fogo alto até evaporar. Numa tigela separada, misture a mostarda e o creme de leite fresco, coloque na frigideira e aqueça por 2 minutos. Tempere com sal e pimenta.
- Sirva o estrogonofe com arroz integral ou branco, com a salsa salpicada por cima.

---

10 **Estrogonofe de cogumelos sobre torrada integral** Corte 250 g de champignons limpos e 250 g de cogumelos portobelo em fatias grossas. Derreta 25 g de manteiga de alho numa frigideira grande, adicione os cogumelos e refogue em fogo alto. Mexa com frequência por 4-5 minutos. Enquanto isso, passe manteiga em quatro fatias grossas de pão integral torradas. Adicione 1 colher (sopa) de mostarda extraforte e 300 ml de creme de leite fresco aos cogumelos. Tempere e sirva sobre as torradas, com 1 colher (sopa) de cebolinha salpicada.

30 **Estrogonofe de pimentão e cogumelos** Derreta 25 g de manteiga numa frigideira grande com 2 colheres (chá) de azeite. Adicione 1 alho-poró fatiado, 1 pimentão vermelho e 1 pimentão verde, ambos sem sementes e fatiados. Refogue em fogo médio, mexendo de vez em quando, por 5 minutos. Adicione 375 g de champignons limpos e cortados em quatro, 175 g de cogumelos shitake limpos e cortados ao meio e 100 g de cogumelos-ostra limpos e cortados ao meio. Refogue por 3 minutos. Transfira para uma travessa. Despeje 150 ml de vinho branco seco na frigideira e deixe ferver por 2-3 minutos, até reduzir à metade. Enquanto isso, numa frigideira, misture 4 colheres (chá) de mostarda extraforte, 2 colheres (chá) de mostarda em pó e 400 ml de creme de leite fresco. Adicione à frigideira e misture. Retorne os cogumelos, aqueça por 2 minutos, adicione 4 colheres (sopa) de salsa picada e tempere com sal e pimenta-do-reino moída na hora. Sirva sobre uma cama de arroz cozido ou de purê de batata.

20 Quesadillas de frijoles refritos com guacamole

4 porções

1 colher (sopa) de azeite
1 maço de cebolinha picada
½ colher (chá) de cominho em pó
½ colher (chá) de coentro em pó
½ colher (chá) de páprica em pó
250 g de frijole refrito em lata sem o caldo
200 g de feijão em lata sem o caldo
8 folhas de pão para wrap
175 g de cheddar ralado

Para o guacamole

2 tomates picados
1 abacate picado
3 colheres (sopa) de coentro picado
1 colher (sopa) de azeite
sal e pimenta-do-reino moída na hora

- Aqueça o azeite numa frigideira grande e refogue a cebolinha em fogo alto, mexendo com frequência, por 2 minutos. Adicione todos os temperos e refogue por mais 1 minuto. Acrescente os frijoles refritos e o feijão e refogue por 2-3 minutos, até ficar bem quente. Adicione 2 colheres (sopa) de água para soltar os feijões, se necessário.
- Distribua a mistura entre as tortilhas. Dobre cada uma em quatro para acomodar o recheio, coloque numa travessa refratária levemente untada e salpique o cheddar.
- Asse em forno preaquecido em temperatura média por 5-10 minutos, até o queijo começar a derreter. Enquanto isso, misture todos os ingredientes do guacamole e tempere com sal e pimenta.
- Sirva 2 quesadillas em cada um dos quatro pratos aquecidos com uma colherada de guacamole por cima.

---

10 Quesadillas fáceis de frijoles refritos

Aqueça 1 colher (sopa) de azeite numa frigideira grande e refogue 1 maço de cebolinha picada em fogo alto, mexendo com frequência, por 2 minutos. Adicione meia colher (chá) de cominho, coentro e páprica, todos em pó, e refogue por 1 minuto. Acrescente 435 g de frijoles refritos em lata e refogue por 2-3 minutos, até começarem a borbulhar. Se necessário, adicione 2 colheres (sopa) de água para soltar os feijões. Distribua a mistura e 75 g de cheddar ralado entre oito folhas de pão para wrap e adicione 1 colherada de molho de tomate em lata em cada. Dobre cada uma em quatro para acomodar o recheio, coloque numa grelha forrada com papel-alumínio, deixando espaço entre elas, e salpique mais 75 g de cheddar ralado. Aqueça em forno preaquecido em temperatura média por 2 minutos. Na hora de servir, salpique coentro.

30 Quesadillas de frijoles refritos feitos em casa

30 Quesadillas de frijoles refritos feitos em casa Aqueça 2 colheres (sopa) de azeite numa frigideira e refogue 1 cebola picada e 1 pimenta vermelha pequena picada em fogo médio, mexendo, por 5 minutos. Adicione 250 g de feijão-rajado cozido sem o caldo e refogue, por 2 minutos. Transfira para o processador, adicione um bom punhado de coentro e bata, mantendo alguns grãos inteiros. Siga a receita como acima, mas usando os frijoles refritos feitos em casa no lugar do enlatado.

30 Risoto de queijo de cabra e espinafre

4 porções

1 colher (sopa) de azeite
1 cebola grande cortada em fatias finas
1 dente de alho picado
250 g de arroz arbóreo
900 ml de caldo quente de legumes
300 g de folhas de espinafre
raspas e suco de 1 limão-siciliano
175 g de queijo de cabra com casca cortado em cubos
sal e pimenta-do-reino moída na hora
parmesão ralado

- Numa frigideira grande, aqueça o azeite e refogue a cebola e o alho em fogo médio, mexendo de vez em quando, por 3-4 minutos.
- Adicione o arroz e refogue por 1 minuto. Acrescente metade do caldo e deixe levantar fervura. Reduza bem o fogo e cozinhe, mexendo de vez em quando, por 5-6 minutos, até que o caldo tenha sido quase todo absorvido. Adicione o restante do caldo e continue cozinhando em fogo baixo, mexendo de vez em quando, até o arroz ficar macio, e o caldo ser quase todo absorvido. Acrescente as folhas de espinafre e as raspas e o suco do limão e refogue por 2-3 minutos, até o espinafre murchar e ficar bem incorporado ao arroz.
- Espalhe o queijo e incorpore ao risoto, até ficar quase todo derretido, mas ainda com um pouco de sua forma. Tempere com sal e pimenta. Sirva em pratos aquecidos com parmesão ralado por cima e um pouco de pimenta.

---

10 Tagliatelle com queijo de cabra e espinafre Numa panela grande com água fervente e um pouco de sal, cozinhe 500 g de tagliatelle fresco por 3-4 minutos. Enquanto isso, aqueça 300 g de molho de tomate em lata numa panela. Escorra a massa e retorne para a panela. Incorpore o molho, adicione 300 g de folhas de espinafre e misture em fogo médio até o espinafre murchar. Tempere com sal e pimenta-do-reino. Sirva com 100 g de queijo de cabra amassado por cima e um pouco de parmesão ralado.

20 Pizza de queijo de cabra e espinafre Sobre quatro bases prontas de pizza, espalhe 1 colher (sopa) de purê de tomate. Aqueça uma panela grande em fogo médio e adicione 300 g de folhas de espinafre. Deixe murchar com um pouco de água, assegurando-se de que as folhas não grudem no fundo da panela. Espalhe 175 g de queijo de cabra com casca cortado em cubos e o espinafre sobre as bases de pizza. Rale 75 g de parmesão por cima. Regue com um pouco de azeite e leve ao forno preaquecido a 200 °C por 10 minutos, até as bases dourarem ligeiramente. Sirva acompanhada de salada verde.

10 Ensopado de tomate, alecrim e feijão-branco

4 porções

3 colheres (sopa) de azeite
1 cebola grande fatiada
2 colheres (chá) de pasta de alho
2 colheres (sopa) de alecrim picado
500 g de feijão-branco cozido sem o caldo
500 g de molho de tomate grosso em lata
sal e pimenta-do-reino moída na hora
pão integral para acompanhar

- Numa frigideira grande, aqueça o azeite e refogue a cebola em fogo médio por 2 minutos, mexendo de vez em quando. Adicione a pasta de alho e o alecrim e refogue por 30 segundos.
- Adicione o feijão e o molho de tomate e deixe levantar fervura. Reduza bem o fogo e cozinhe por 6-7 minutos, até começar a borbulhar. Tempere com sal e pimenta.
- Sirva com tiras de pão integral para absorver o sabor do molho.

20 Cassoulet vegetariano de feijão

Cassoulet vegetariano de feijão Aqueça 3 colheres (sopa) de azeite numa frigideira grande e refogue em fogo médio 1 cebola pequena picada, 2 cenouras descascadas e cortadas em cubos e 1 colher (sopa) de alecrim picado, mexendo de vez em quando, por 3-4 minutos. Adicione 250 g de feijão em lata sem o caldo com 600 ml de caldo de legumes. Deixe levantar fervura. Reduza o fogo e cozinhe, sem tampa, por 10 minutos, até começar a borbulhar. Bata um terço do feijão no processador. Retorne o purê de feijão para a frigideira, misture e aqueça. Tempere com sal e pimenta-do-reino moída na hora e sirva com pão.

30 Ensopado de linguiça vegetariana e feijão-manteiga

Ensopado de linguiça vegetariana e feijão-manteiga Aqueça 2 colheres (sopa) de azeite numa frigideira grande e profunda e grelhe 8 linguiças vegetarianas grossas em fogo médio, virando com frequência, por 8-10 minutos, até cozinharem e dourarem. Adicione 2 cebolas roxas cortadas em fatias finas e refogue por 5 minutos, mexendo com frequência. Acrescente 500 g de feijão-manteiga cozido sem o caldo, 500 g de tomate pelado em lata picado e 4 colheres (sopa) de extrato de tomate. Deixe levantar fervura, abaixe o fogo e cozinhe por 10 minutos, sem tampa, mexendo de vez em quando, até o molho engrossar. Tempere com sal e pimenta-do-reino moída na hora. Sirva em pratos aquecidos com bastante salsa picada por cima.

30 Haloumi grelhado com salada morna de cuscuz marroquino

4 porções

200 g de cuscuz marroquino
½ colher (chá) de sal
5 colheres (sopa) de azeite
2 cebolas roxas cortadas em fatias finas
1 pimenta vermelha picada
250 g de grão-de-bico cozido sem o caldo
175 g de tomates-cereja cortados ao meio
3 colheres (sopa) de salsa picada
1 colher (sopa) de folhas de tomilho
375 g de queijo haloumi ou coalho em fatias grossas
sal e pimenta-do-reino moída na hora

- Coloque o cuscuz numa tigela e adicione água quente suficiente para cobrir a farinha 1 cm além do limite. Adicione sal e deixe o cuscuz hidratar por 20 minutos.
- Enquanto isso, aqueça 3 colheres (sopa) de azeite em uma frigideira grande e refogue a cebola e dois terços da pimenta em fogo médio, mexendo, por 4-5 minutos. Adicione o grão-de-bico e os tomates e refogue em fogo alto, por 3 minutos, até o grão-de-bico ficar bem quente, e os tomates, bem macios, mas ainda inteiros. Tempere com sal e pimenta.
- Enquanto isso, numa tigela baixa, misture o restante do azeite e da pimenta com as ervas e empane as fatias de haloumi. Coloque o queijo em uma grelha forrada com papel-alumínio e asse em temperatura alta por 2-3 minutos, até dourar em alguns pontos.
- Misture o cuscuz com o grão-de-bico e aqueça por 1 minuto. Sirva em pratos aquecidos, com as fatias de haloumi por cima.

---

10 Haloumi rápido com pimenta Misture 2 pimentas vermelhas picadas com 2 colheres (sopa) de azeite extravirgem e reserve. Aqueça uma frigideira antiaderente em fogo alto. Corte 375 g de queijo haloumi ou coalho em pedaços médios e grelhe as fatias em levas, por 2 minutos de cada lado, até dourar em alguns pontos. Quando todos os pedaços estiverem grelhados, coloque um punhado de salada de folhas em cada um dos quatro pratos, com as fatias de haloumi por cima. Adicione uma colherada de molho de pimenta por cima das fatias de queijo. Finalize com limão espremido.

20 Espetinhos de haloumi com cuscuz marroquino Coloque 200 g de cuscuz numa tigela e adicione água quente suficiente para ficar 1 cm acima do limite dos grãos. Adicione meia colher (chá) de sal e deixe o cuscuz hidratar por 20 minutos. Enquanto isso, numa tigela pequena, misture 3 colheres (sopa) de azeite, 1 dente de alho amassado, 1 colher (chá) de folhas de tomilho e a mesma quantidade de orégano, de alecrim e de hortelã picados, o suco de 1 limão, sal e pimenta-do-reino-moída na hora. Numa tigela não metálica, coloque 375 g de queijo haloumi ou coalho cortado em cubos de 2,5 cm e 8 champignons limpos. Derrame a mistura de azeite por cima, misture para incorporar bem, tampe e deixe marinar até a hora de cozinhar. Distribua o queijo, os cogumelos e 8 tomates-cereja entre quatro espetos de metal ou espetos de bambu hidratados em água fria por 30 minutos. Grelhe em uma panela tipo grill preaquecida ou no forno em temperatura alta por 5-6 minutos, até dourarem em alguns pontos, pincelando a marinada nos espetinhos enquanto cozinham. Sirva-os acompanhados de vinagrete e do cuscuz.

10 Penne com abóbora e pesto na panela

4 porções
500 g de penne fresco
2 colheres (sopa) de azeite
25 g de manteiga
500 g de abóbora-paulista cortada em pedaços
200 g de pesto
sal

- Numa panela grande com água fervente e um pouco de sal, cozinhe o penne por 3 minutos ou até a massa ficar *al dente*. Escorra e volte para a panela. Misture com 1 colher (sopa) do azeite.
- Enquanto isso, derreta a manteiga com a colher (sopa) restante do azeite em uma frigideira grande ou wok e cozinhe a abóbora em fogo médio, virando com frequência, por 7-8 minutos, até ficar macia e dourada. Nos 3 minutos finais do tempo de cozimento, tampe a panela para permitir que o vapor cozinhe a abóbora.
- Adicione a massa e o pesto à abóbora e incorpore todos os ingredientes por 1 minuto, em fogo médio. Sirva em pratos aquecidos.

---

20 Salada morna de abóbora, penne e camembert Cozinhe a abóbora-paulista como na receita acima. Enquanto isso, cozinhe 200 g de penne numa panela com água fervente e sal por 10-12 minutos, até ficar *al dente*. Misture a abóbora com a massa escorrida. Aqueça uma frigideira e toste 75 g de pinholes em fogo médio, por 3-4 minutos. Coloque todos os ingredientes numa tigela com 100 g de camembert em cubos e 150 g de folhas variadas para salada. Separadamente, bata 2 colheres (sopa) de azeite, 1 colher (sopa) de pesto e o suco de meio limão-siciliano. Misture à salada.

30 Gratinado de verão de penne e abóbora Numa panela grande com água fervente e um pouco de sal, cozinhe 500 g de penne fresco por 3 minutos, ou até ficar *al dente*. Escorra, volte para a panela e misture 1 colher (sopa) de azeite. Derreta 25 g de manteiga com 1 colher (sopa) de azeite em uma frigideira grande ou wok e refogue em fogo médio 500 g de abóbora--paulista cortada em pedaços, virando com frequência, por 7-8 minutos, até ficar macia e dourada. Tampe nos 3 minutos finais, adicionando 250 g de ervilhas (descongeladas, se for o caso) no minuto final de cozimento. Adicione 400 ml de creme de leite fresco, raspas de 1 limão-siciliano e 4 colheres (sopa) de pesto. Misture bem e acrescente 200 g de feta amassado e 200 g de folhas de espinafre. Aqueça por 2 minutos, mexendo até o molho esquentar, e o espinafre murchar. Tempere com sal e pimenta-do-reino. Misture com a massa, coloque numa travessa refratária baixa e salpique 6 colheres (sopa) de parmesão ralado. Gratine em forno preaquecido em temperatura alta por 3-4 minutos, até dourar e borbulhar.

10 Torradas de ciabatta com legumes mediterrâneos

4 porções

5 colheres (sopa) de azeite, mais um pouco para regar
½ berinjela cortada em fatias finas
1 ciabatta
4 colheres (sopa) de pesto
1 tomate grande cortado em fatias finas
4 fatias de muçarela de búfala
pimenta-do-reino moída na hora

- Aqueça o azeite numa frigideira grande e refogue as fatias de berinjela em partes, temperadas com sal e pimenta, em fogo alto por 1-2 minutos de cada lado, até dourarem e ficarem macias. Retire com uma escumadeira e mantenha-as aquecidas.
- Enquanto isso, corte a ciabatta ao meio no sentido do comprimento e depois corte cada parte ao meio. Coloque em uma assadeira e toste em temperatura alta com o lado de corte para cima, por 1 minuto, até dourar.
- Espalhe sobre cada torrada 1 colher (sopa) do pesto. Coloque as fatias mornas de berinjela por cima e as fatias de tomate depois. Finalize com as fatias de muçarela. Regue cada torrada com 1 colher (sopa) de azeite. Volte as torradas para o forno por mais 2 minutos, até a muçarela começar a derreter e a dourar em alguns pontos.
- Tempere com pimenta-do-reino e sirva quente.

---

20 Pizza mediterrânea de ciabatta Corte uma ciabatta ao meio no sentido do comprimento e depois corte cada parte na metade. Coloque os quatro pedaços numa assadeira. Aqueça 4 colheres (sopa) de azeite numa frigideira grande e refogue meia berinjela cortada em cubos, em fogo alto, mexendo frequentemente, por 5 minutos, até dourar. Espalhe 2 colheres (sopa) de pasta de tomate sobre cada fatia de ciabatta e coloque 1 fatia de tomate por cima. Distribua a berinjela entre as fatias de ciabatta. Coloque 150 g de muçarela de búfala fatiada por cima da berinjela. Adicione 2 colheres (chá) de pesto em cada pedaço de ciabatta, tempere e gratine no forno preaquecido em temperatura alta por 5 minutos, até a cobertura derreter e dourar.

30 Gratinado de legumes mediterrâneo Aqueça 4 colheres (sopa) de azeite numa frigideira grande e refogue em partes 1 berinjela fatiada, em fogo alto, por 1-2 minutos de cada lado, até dourar. Espalhe numa travessa refratária grande e rasa, fazendo camadas, com 2 tomates grandes fatiados, 300 g de muçarela de búfala em fatias finas e 6 colheres (sopa) de pesto, temperando entre as camadas. Espalhe 3 colheres (sopa) de parmesão ralado por cima e gratine em forno preaquecido em temperatura alta por 8-10 minutos, até dourar e borbulhar.

30 Tagine de grão-de-bico e frutas com cuscuz marroquino

4 porções

200 g de cuscuz marroquino
½ colher (chá) de sal
4 colheres (sopa) de azeite
1 berinjela cortada em cubos
1 cebola roxa cortada em pedaços
2 pimentões vermelhos cortados em pedaços
1 colher (sopa) de pasta harissa
2 dentes de alho picados
2,5 cm de gengibre fresco descascado e picado
1 canela em pau
250 g de grão-de-bico cozido sem o caldo
250 g de tomate pelado em lata escorrido e picado
300 ml de caldo de legumes
1 colher (sopa) de extrato de tomate
1 colher (chá) de açúcar
100 g de damascos secos picados
50 g de ameixas secas picadas
4 colheres (sopa) de coentro fresco picado, mais um pouco para salpicar
sal e pimenta-do-reino moída na hora

- Coloque o cuscuz numa tigela e adicione água quente suficiente para cobrir 1 cm além do limite dos grãos. Adicione sal e deixe o cuscuz hidratar enquanto prepara o tagine.
- Aqueça 2 colheres (sopa) do azeite numa frigideira grande e refogue a berinjela em fogo médio por 5 minutos, mexendo de vez em quando. Adicione a cebola e os pimentões e refogue por mais 5 minutos. Acrescente a pasta harissa, o alho e o gengibre e refogue, mexendo, por mais 2 minutos. Adicione a canela, o grão-de-bico, o tomate, o caldo, o extrato de tomate, o açúcar e as frutas secas e deixe levantar fervura. Reduza o fogo, tampe e deixe cozinhar por 10-15 minutos, até que os legumes fiquem macios. Tempere com sal e pimenta.
- Misture o cuscuz com as 2 colheres (sopa) de azeite restantes e solte os grãos com um garfo. Misture o coentro fresco. Sirva com o tagine, salpicando um pouco de coentro em cada prato.

10 Pão pita recheado com homus

Toste ligeiramente 4 pães pita. Abra os pães a partir da base, formando 2 bolsos. Coloque 1 colher (sopa) de homus pronto em cada pão, com 1 cenoura ralada e um quarto de pepino picado. Sirva imediatamente.

20 Salada de grão-de-bico, tomate e feta

Corte 1 cebola roxa e 2 pimentas vermelhas em fatias bem finas e misture com 250 g de tomates picados numa tigela grande. Tempere com o suco de 1 limão e meio e com cerca de 6 colheres (sopa) de azeite extravirgem. Tempere com sal e pimenta-do-reino moída na hora. Aqueça 250 g de grão-de-bico cozido sem o caldo numa panela com 4 colheres (sopa) de água. Adicione cerca de 90% à tigela. Amasse o restante dos grãos com um garfo e acrescente à tigela. Misture bem todos os ingredientes. Deixe descansar por 5 minutos para incorporar todos os sabores. Esfarele 200 g de feta por cima e finalize com algumas folhas de hortelã e manjericão rasgadas.

30 Torta filo de espinafre, pinholes e feta

4 porções
1 colher (sopa) de azeite
1 cebola picada
1 dente de alho fatiado
75 g de pinholes tostados
1 kg de espinafre bem escorrido
2 ovos
2 gemas
400 g de feta escorrido e amassado
2 colheres (chá) de noz-moscada em pó
6 folhas de massa filo
25 g de manteiga derretida
25 g de parmesão ralado
sal e pimenta-do-reino moída na hora
salada de folhas temperada com azeite e suco de limão para acompanhar

- Aqueça o azeite numa frigideira grande e refogue a cebola e o alho em fogo médio, mexendo de vez em quando, por 5 minutos. Adicione os pinholes e o espinafre e refogue por 3-4 minutos, até ficarem bem quentes.
- Tire a panela do fogo e coloque a mistura numa tigela. Adicione os ovos inteiros, as gemas, o feta e a noz-moscada, misture bem e tempere com um pouco de sal e pimenta. Transfira para uma travessa refratária grande.
- Coloque as folhas de massa filo por cima, pincele com a manteiga derretida e salpique parmesão. Leve ao forno preaquecido a 180 °C por 10-12 minutos, até a massa ficar dourada e crocante.
- Sirva quente, com salada de folhas temperada com azeite e suco de limão.

---

10 Tortellini de espinafre e ricota ao pesto Numa panela grande com água fervente e um pouco de sal, cozinhe 500 g de tortellini fresco de espinafre e ricota por 2-3 minutos, até ficar macio. Escorra a massa, volte para a panela e misture com 4 colheres (sopa) de pesto. Sirva em pratos aquecidos com parmesão em lascas.

20 Ovos ao forno com espinafre e feta Numa tigela, misture 1 kg de espinafre bem escorrido, 400 g de feta escorrido e amassado e 2 colheres (sopa) de coalhada fresca. Distribua a mistura entre quatro tigelas refratárias individuais (ou ramequins). Quebre um ovo em cada tigela e tempere com sal e pimenta-do-reino moída na hora. Coloque 1 colher (sopa) de coalhada fresca em cada. Disponha as tigelas numa assadeira com água fervente, de modo que fiquem submersas até a metade. Leve ao forno preaquecido a 180 °C e asse na grade do meio por 10 minutos. Sirva imediatamente.

30 Biryani de legumes e castanhas

4 porções

250 g de arroz basmati
½ couve-flor cortada em buquês
2 colheres (sopa) de óleo vegetal
2 batatas-doces grandes descascadas e cortadas em cubos
1 cebola grande fatiada
3 colheres (sopa) de pasta de curry amarelo
½ colher (chá) de açafrão-da--terra em pó
2 colheres (chá) de mostarda em grãos
300 ml de caldo de legumes
250 g de vagem sem pontas nem fio
100 g de uvas-passas
6 colheres (sopa) de coentro
50 g de castanhas de caju ligeiramente tostadas
sal e pimenta-do-reino moída na hora

- Numa panela grande com água fervente e um pouco de sal, cozinhe o arroz por 5 minutos. Adicione a couve-flor e cozinhe por mais 10 minutos ou até os buquês ficarem macios. Escorra.
- Enquanto isso, aqueça o óleo numa frigideira grande e refogue as batatas-doces e a cebola em fogo médio por 10 minutos, mexendo de vez em quando, até dourarem. Adicione a pasta de curry, o açafrão-da-terra e os grãos de mostarda e refogue por mais 2 minutos.
- Adicione o caldo e as vagens. Deixe levantar fervura, reduza o fogo e cozinhe por 5 minutos.
- Acrescente o arroz com a couve-flor escorridos, as passas, o coentro e as castanhas de caju e cozinhe em fogo baixo por mais 2 minutos. Tempere com sal e pimenta. Sirva em pratos aquecidos com paparis e raita (para o preparo da raita, ver p. 28).

10 Biryani rápido de legumes

Cozinhe 250 g de buquês de couve-flor congelada e 250 g de vagem congelada em uma panela grande com água e sal, seguindo as instruções da embalagem. Escorra e volte para a panela. Junte 400 g de pasta de curry biryani ou amarelo e aqueça. Enquanto isso, aqueça 400 g de arroz indiano já cozido. Sirva o arroz com o curry, salpicado com castanhas de caju tostadas, paparis e raita (para a raita, ver p. 28).

20 Gratinado de legumes ao curry

Derreta 25 g de manteiga numa panela, adicione 25 g de farinha de trigo e mexa por alguns segundos. Retire do fogo e adicione 300 ml de leite, um pouco por vez, mexendo sempre. Acrescente 50 g de cheddar ralado e meia colher (chá) de curry em pó. Volte para o fogo e deixe levantar fervura, mexendo constantemente, até engrossar. Adicione 500 g de legumes variados congelados, como cenouras, vagens e couve-flor e incorpore ao molho. Distribua entre tigelas refratárias individuais, salpique com 2 colheres (sopa) de farinha de rosca grossa. Coloque numa assadeira e gratine em forno preaquecido em temperatura alta por 8-10 minutos, até dourar.

20 Pad thai vegetariano

4 porções

175 g de macarrão de arroz
2 colheres (sopa) de óleo de gergelim
2 ovos batidos
1 colher (sopa) de óleo vegetal
200 g de brotos de feijão
1 maço de cebolinha picada
1 colher (chá) de pimenta-calabresa em flocos
1 colher (sopa) de molho de peixe
1 colher (sopa) de açúcar mascavo
50 g de amendoim salgado picado
4 colheres (sopa) de coentro fresco picado
gomos de limão para acompanhar
sal e pimenta-do-reino moída na hora

- Coloque o macarrão de arroz numa tigela refratária, cubra com água fervente e deixe hidratar por 10 minutos ou siga as instruções da embalagem. Escorra e misture com 1 colher (sopa) de óleo de gergelim.
- Enquanto isso, aqueça o restante do óleo de gergelim numa frigideira grande, despeje os ovos formando uma camada fina e cozinhe em fogo médio por 1-2 minutos, até dourarem. Retire, corte em pedaços e adicione ao macarrão.
- Aqueça o óleo vegetal na frigideira e frite os brotos de feijão e a cebolinha em fogo alto, por 2-3 minutos, salteando. Adicione os flocos de pimenta e misture bem. Separadamente, misture o molho de peixe e o açúcar e incorpore ao macarrão. Coloque na panela com o amendoim e cozinhe, misturando por 2-4 minutos. Tempere com sal e pimenta.
- Sirva em tigelas individuais aquecidas, salpicado com coentro e com gomos de limão para espremer.

---

10 Pad thai rápido Bata 2 ovos e tempere com sal e pimenta-do-reino. Aqueça 1 colher (sopa) de óleo de gergelim numa frigideira grande, despeje os ovos formando uma camada fina e cozinhe em fogo médio por 1-2 minutos, até dourarem. Retire, corte e adicione a 375 g de macarrão de arroz já hidratado. Aqueça 1 colher (sopa) de óleo vegetal na frigideira e frite 200 g de brotos de feijão e 1 maço de cebolinha picada grosseiramente em fogo médio, salteando por 2-3 minutos. Adicione o macarrão com a omelete e 120 g de molho pad thai. Misture bem até esquentar tudo. Salpique um pouco de amendoim e sirva.

30 Batata-doce e ervilha-torta ao estilo pad thai Aqueça 2 colheres (sopa) de óleo vegetal numa frigideira grande e refogue 750 g de batata-doce descascada e picada, em fogo médio. Mexa por 8-10 minutos. Adicione 250 g de ervilhas-tortas, 1 maço de cebolinha picada, 3 colheres (sopa) de açúcar mascavo, 2 colheres (sopa) de molho de peixe e 1 colher (chá) de pimenta-calabresa em flocos. Refogue por 6-8 minutos. Tempere com sal. Para servir, salpique 50 g de coentro picado e 125 g castanhas de caju tostadas.

30 Dahl de lentilhas vermelhas e legumes

4 porções

4 colheres (sopa) de óleo vegetal
1 cebola grande picada
1 berinjela picada
1 pimentão vermelho sem sementes cortado em pedaços
250 g de quiabo cortado em pedaços de 2,5 cm
175 g de lentilhas vermelhas enxaguadas
3 colheres (sopa) de pasta de curry balti ou amarelo
600 ml de caldo de legumes
3 colheres (sopa) de hortelã picada
200 g de iogurte natural
5 colheres (sopa) de coentro fresco picado
sal e pimenta-do-reino moída na hora
naan para acompanhar

- Aqueça o óleo numa panela grande e refogue a cebola e a berinjela em fogo médio por 5 minutos, mexendo de vez em quando.
- Adicione o pimentão e o quiabo e refogue por 3-4 minutos. Adicione as lentilhas e a pasta de curry. Misture bem e acrescente o caldo. Deixe levantar fervura, reduza bem o fogo e cozinhe por 20 minutos, até as lentilhas ficarem macias.
- Enquanto isso, misture a hortelã e o iogurte numa tigela separada.
- Retire a panela do fogo, adicione o coentro e tempere com um pouco de sal e pimenta. Sirva acompanhado do iogurte com hortelã e de naan.

---

10 Sopa rápida de lentilhas vermelhas, legumes e pimenta Aqueça 2 colheres (sopa) de azeite numa panela e refogue por 2 minutos em fogo médio 2 cebolas picadas, 1 pimenta vermelha picada, raspas de 1 limão-siciliano e 1 colher (chá) de cominho em pó. Adicione 200 g de lentilhas vermelhas escorridas, 200 g de seleta de legumes picados e 750 ml de caldo quente de legumes. Tempere a gosto e cozinhe em fogo baixo por 8 minutos, até as lentilhas ficarem macias. Adicione um pouco de hortelã rasgada e sirva com iogurte natural e pão pita.

20 Balti vegetariano Aqueça 4 colheres (sopa) de óleo vegetal numa panela grande e refogue em fogo médio 1 cebola grande picada e 1 berinjela picada, mexendo de vez em quando, por 5 minutos. Adicione 1 pimentão vermelho sem sementes e cortado em pedaços e 250 g de quiabo limpo cortado em pedaços de 2,5 cm. Refogue por 3-4 minutos. Acrescente 3 colheres (sopa) de pasta de curry balti ou amarelo e 600 ml de caldo de legumes. Deixe levantar fervura. Reduza o fogo, tampe e cozinhe por 10 minutos. Enquanto isso, prepare o iogurte com hortelã como na receita acima. Sirva com arroz pilau ou basmati e naan.

20 Espaguete com molho de tomate enriquecido

4 porções

250 g de espaguete seco
2 colheres (sopa) de azeite
2 echalotas bem picadas
1 pimenta vermelha bem picada
2 dentes de alho fatiados
500 g de tomates picados
3 colheres (sopa) de extrato de tomate
150 ml de vinho tinto
6 colheres (sopa) de salsa picada
sal e pimenta-do-reino moída na hora
parmesão ralado para salpicar (opcional)

- Numa panela grande com água fervente e um pouco de sal, cozinhe o espaguete por 8-10 minutos, até ficar macio. Escorra, volte para a panela e misture 1 colher (sopa) de azeite.
- Enquanto isso, aqueça o azeite restante numa frigideira grande e refogue em fogo médio as echalotas, a pimenta e o alho, mexendo com frequência por 2-3 minutos. Adicione os tomates, aumente o fogo e refogue por 5 minutos. Mexa de vez em quando, até começarem a ficar macios. Adicione a massa de tomate e o vinho, tampe e cozinhe em fogo baixo por 10 minutos, até engrossar. Tempere com sal e pimenta e salpique a salsa.
- Acrescente o espaguete ao molho e misture bem para incorporar. Sirva com parmesão ralado por cima.

---

10 Espaguete fácil com molho de tomate, pimenta e azeitonas pretas Numa panela grande com água fervente e um pouco de sal, cozinhe 250 g de espaguete por 8-10 minutos, até ficar *al dente*. Escorra, volte para a panela e acrescente 1 colher (sopa) de azeite. Enquanto isso, aqueça 2 colheres (sopa) de azeite numa frigideira grande e refogue em fogo médio 2 echalotas, 1 pimenta vermelha e 2 dentes de alho, todos picados, mexendo, por 2-3 minutos. Adicione 500 g de molho de tomate em lata e 250 g de azeitonas pretas picadas. Aqueça e adicione 6 colheres (sopa) de salsa picada, tempere com pimenta-do--reino moída na hora e sirva com parmesão ralado por cima.

30 Espaguete ao molho de tomate com berinjela ao forno Numa panela grande com água fervente e um pouco de sal, cozinhe 250 g de espaguete por 8-10 minutos, até ficar macio. Escorra, volte para a panela e misture 1 colher (sopa) de azeite. Enquanto isso, limpe e corte 1 berinjela em pedaços grandes e misture com 4 colheres (sopa) de azeite numa assadeira e leve ao forno preaquecido a 220 °C por 20 minutos. Enquanto prepara a massa e a berinjela, aqueça 2 colheres (sopa) de azeite numa frigideira grande e refogue em fogo médio 2 echalotas, 1 pimenta vermelha e 2 dentes de alho, todos picados, mexendo com frequência, por 2-3 minutos. Adicione 500 g de tomate, aumente o fogo e refogue por 5 minutos, até começar a ficar macio. Adicione 3 colheres (sopa) de extrato de tomate e 150 ml de vinho tinto. Cozinhe em fogo baixo por 10 minutos, até engrossar, mas mantendo os pedaços, e adicione as berinjelas assadas quase no fim do tempo de cozimento. Acrescente 6 colheres (sopa) de salsa picada e tempere com pimenta-do-reino moída na hora. Adicione o espaguete e incorpore bem. Sirva imediatamente.

30 Curry de couve-flor, batata e espinafre

4 porções

3 colheres (sopa) de óleo vegetal
1 cebola grande picada
1 couve-flor cortada em buquês
500 g de batata descascada em pedaços
2 colheres (chá) de cominho em grãos
4 colheres (sopa) de pasta de curry
400 ml de leite de coco
300 ml de caldo de legumes
300 g de folhas de espinafre
4 colheres (sopa) de coentro fresco picado
sal e pimenta-do-reino moída na hora
naan aquecido para acompanhar

- Aqueça o óleo numa panela grande e refogue a cebola em fogo médio, mexendo de vez em quando, por 2-3 minutos. Adicione a couve-flor, as batatas e os grãos de cominho. Refogue por 4-5 minutos, mexendo de vez em quando, até as batatas começarem a corar.
- Acrescente a pasta de curry e misture bem para incorporar aos legumes. Junte o leite de coco e o caldo de legumes. Deixe levantar fervura. Reduza o fogo, tampe e cozinhe, mexendo de vez em quando, por 20 minutos, até os legumes ficarem macios. Adicione o espinafre nos últimos 5 minutos de cozimento.
- Tempere generosamente com sal e pimenta e coloque o coentro picado. Sirva com naan aquecido.

---

10 **Curry verde de couve-flor** Cozinhe um pacote de 250 g de couve--flor e outro de 250 g de vagem congelada numa panela grande com água fervente e um pouco de sal, seguindo as instruções da embalagem. Escorra e volte para a panela. Adicione 400 g de pasta de curry verde e aqueça, mexendo cuidadosamente. Sirva com arroz basmati pré-cozido, aquecido de acordo com as instruções da embalagem.

20 **Gratinado de couve--flor e espinafre** Limpe 1 couve-flor, reservando algumas folhas internas, e corte em buquês. Coloque numa panela a vapor com 2 folhas de louro picadas, presas entre os buquês, e um pouco de noz-moscada ralada na hora. Cozinhe no vapor por 12 minutos, até a couve-flor ficar macia. Enquanto isso, enxágue 300 g de folhas de espinafre, coloque numa panela grande em fogo médio e mexa cuidadosamente até murcharem. Escorra o excesso de umidade. Coloque a couve-flor e o espinafre numa travessa refratária grande untada e despeje sobre eles 350 g de molho de queijo. Espalhe 100 g de farinha de rosca grossa por cima e rale 50 g de parmesão sobre a farinha. Leve ao forno preaquecido a 200 °C por 8 minutos, até dourar e borbulhar. Sirva com salada verde.

30 Gratinado de abóbora, tomate e cebola roxa

4 porções
75 g de manteiga
2 cebolas roxas fatiadas
750 g de abóbora-paulista descascada sem sementes em fatias finas
2 colheres (sopa) de salsa picada
3 tomates cortados em fatias finas
150 ml de caldo de legumes
25 g de farinha de trigo
300 ml de leite
½ colher (chá) de noz-moscada ralada
1 colher (chá) de mostarda de Dijon
150 g de emmental ou gruyère ralado
sal e pimenta-do-reino moída na hora

Para acompanhar
pão levemente tostado
salada simples

- Derreta 50 g da manteiga numa frigideira grande ou wok e refogue as cebolas e a abóbora em temperatura média, mexendo de vez em quando, por 5 minutos, até começarem a ficar macias e douradas em alguns pontos. Adicione o molho, os tomates e o caldo e deixe levantar fervura. Reduza o fogo, tampe e cozinhe por 5 minutos.
- Enquanto isso, derreta os 25 g restantes de manteiga numa panela, adicione a farinha e mexa por alguns segundos. Retire a panela do fogo e adicione o leite aos poucos mexendo bem. Volte para o fogo e deixe levantar fervura, mexendo constantemente, e cozinhe até engrossar. Retire do fogo, adicione a noz-moscada, a mostarda e metade do queijo. Misture bem. Adicione à panela com a abóbora e incorpore. Tempere a gosto.
- Transfira tudo para uma travessa refratária grande, salpique o restante do queijo e gratine sobre uma grelha preaquecida em temperatura média, por 10 minutos, até dourar e borbulhar. Sirva com pão levemente tostado e uma salada simples.

---

10 Espaguete com abóbora, tomate seco e cebola roxa Cozinhe 500 g de espaguete fresco numa panela com água fervente e um pouco de sal por 3-4 minutos. Escorra. Enquanto isso, aqueça 1 colher (sopa) de azeite numa frigideira grande e refogue 1 cebola roxa picada em fogo médio por 5 minutos, mexendo com frequência. Enquanto a cebola está refogando, cozinhe um pacote de 300 g de abóbora-paulista cortada em pedaços no micro-ondas, seguindo as instruções da embalagem. Adicione a cebola. Misture 8 tomates secos picados e 3 colheres (sopa) de vinagre balsâmico. Acrescente a massa. Tempere com sal e pimenta-do--reino e misture com dois punhados de folhas de manjericão picadas e 200 g de feta escorrido e amassado.

20 Fusilli ao molho de abóbora, tomate e cebola roxa Derreta 50 g de manteiga numa frigideira grande e refogue em fogo médio 2 cebolas roxas fatiadas e 750 g de abóbora-paulista em fatias finas, mexendo por 5 minutos. Adicione 2 colheres (sopa) de salsa picada, 3 tomates fatiados e 150 ml de caldo de legumes. Deixe levantar fervura. Tampe e cozinhe em fogo baixo por 5 minutos. Tempere a gosto. Enquanto isso, cozinhe 250 g de fusilli seco. Adicione ao molho e incorpore.

10 Dahl de coco com tiras crocantes de naan

4 porções

1 colher (sopa) de óleo vegetal
1 cebola picada
2 colheres (sopa) de pasta de curry amarelo
125 g de lentilhas vermelhas enxaguadas
400 ml de leite de coco
sal e pimenta-do-reino moída na hora
naan para acompanhar

- Aqueça o óleo numa panela grande e refogue a cebola, mexendo por 1 minuto. Adicione a pasta de curry e as lentilhas. Acrescente o leite de coco e a mesma quantidade de água e tempere com sal e pimenta. Cozinhe em fogo baixo, sem tampa, por 8-9 minutos, até as lentilhas ficarem macias, e a mistura engrossar.
- Enquanto isso, toste levemente tiras de naan em forno preaquecido em temperatura alta, até dourarem, e sirva para mergulhar no dahl.

---

20 Dahl de coco com naan ao curry de cebola Faça o dahl como acima. Enquanto isso, aqueça 2 colheres (sopa) de óleo numa frigideira grande e refogue 2 cebolas picadas e 1 pimenta vermelha picada em fogo médio por 5 minutos, mexendo de vez em quando. Adicione 8 colheres (sopa) de leite de coco, 3 colheres (sopa) de pasta de curry amarelo, 1 colher (sopa) de mostarda em grãos e 200 g de folhas de espinafre. Cozinhe por 2 minutos, mexendo, até o espinafre murchar. Tempere com sal e pimenta-do-reino. Toste ligeiramente 2 unidades de naan em forno preaquecido em temperatura média. Vire, distribua a mistura de cebola entre os pães e salpique 4 colheres (sopa) de coentro fresco e 2 colheres (sopa) de coco desidratado. Toste ligeiramente por 3-4 minutos, até o coco dourar. Sirva os pães cortados ao meio, com o dahl.

30 Dahl de legumes com tiras crocantes de naan Aqueça 4 colheres (sopa) de óleo vegetal numa panela grande e refogue por 10 minutos em fogo médio 1 cebola picada, 1 abobrinha grande picada e 1 berinjela picada, mexendo de vez em quando. Adicione 4 colheres (sopa) de pasta de curry amarelo e 125 g de lentilhas vermelhas enxaguadas. Acrescente 600 ml de caldo de legumes e cozinhe em fogo baixo por 10-15 minutos, até engrossar. Enquanto isso, toste as tiras de naan como na receita acima e sirva.

30 Ensopado de lentilhas com pão de alho e ervas

4 porções

4 colheres (sopa) de azeite
1 pimentão vermelho e
1 pimentão verde em pedaços
1 cebola roxa picada
1 dente de alho fatiado
1 bulbo de funcho fatiado ou
erva-doce fatiada
250 g de lentilhas enxaguadas
600 ml de caldo de legumes
300 ml de vinho tinto
sal e pimenta-do-reino moída na hora

Para o pão de alho e ervas

50 g de manteiga amolecida
1 dente de alho amassado
2 colheres (sopa) de folhas de
tomilho picadas
1 baguete integral

- Aqueça o azeite numa panela grande e refogue em fogo médio os pimentões, a cebola e o funcho por 5 minutos. Mexa com frequência, até ficarem macios e ligeiramente dourados. Adicione as lentilhas, o caldo e o vinho, tempere a gosto e deixe levantar fervura. Reduza o fogo e cozinhe por 25 minutos, até as lentilhas ficarem macias.
- Enquanto isso, bata a manteiga amolecida com o alho e o tomilho e tempere com um pouco de sal e pimenta. Corte o pão em fatias grossas, mas não vá até o final dele, ou seja, não separe as fatias. Espalhe grossas camadas de manteiga entre as fatias, embrulhe o pão numa folha de papel-alumínio e leve ao forno preaquecido a 200 °C por 15 minutos.
- Sirva o ensopado quente em tigelas individuais aquecidas, acompanhado do pão de alho e ervas para absorver o molho.

---

10 Sopa de lentilhas e tomate Aqueça 1 colher (sopa) de azeite numa panela grande e refogue 1 cebola picada em fogo médio, por 5 minutos. Adicione 250 g de tomate pelado picado, 250 g de lentilhas cozidas, ambos sem o caldo, e 1 dente de alho amassado. Após ferver, abaixe o fogo e cozinhe por 4 minutos. Tempere com sal e pimenta-do-reino moída na hora. Distribua entre quatro tigelas de sopa aquecidas e finalize com 1 colher (sopa) de creme de leite fresco e folhas de manjericão. Sirva com pão levemente tostado.

---

20 Salada de lentilhas e tomate seco Coloque 200 g de lentilhas enxaguadas numa panela, cubra generosamente com água fria e deixe levantar fervura. Reduza o fogo e cozinhe por 15 minutos, até ficarem macias. Escorra. Misture com o suco de 1 limão, 1 dente de alho amassado e 4 colheres (sopa) de azeite. Tempere com sal e pimenta-do-reino moída na hora. Adicione 280 g de tomates secos, 1 cebola roxa pequena bem picada e um punhado de folhas de salsa. Misture e sirva com folhas de rúcula.

Sobremesas fabulosas

Listas de receitas por tempo de preparo

30

20

10

20 Brioches com mascarpone e damascos ao gengibre

4 porções

25 g de manteiga
375 g de damasco fresco sem semente cortado em quatro (ou pêssego)
50 g de açúcar mascavo
6 colheres (sopa) de xarope de gengibre
2 pedaços de gengibre bem picados
250 g de mascarpone
2 colheres (sopa) de açúcar demerara
torradas de brioche para acompanhar

- Derreta a manteiga numa frigideira e cozinhe os damascos em fogo médio por 3-4 minutos, mexendo de vez em quando, até ficarem macios e dourados em alguns pontos. Salpique açúcar mascavo e cozinhe, mexendo por 1 minuto. Adicione o xarope de gengibre, misture bem e cozinhe por mais 1 minuto. Retire do fogo.
- Misture os pedaços de gengibre com o mascarpone e o açúcar demerara.
- Sirva os damascos sobre torradas de brioche com uma colherada do creme de mascarpone por cima, deixando que ele escorra.

10 Damascos rápidos com amaretti

Derreta 25 g de manteiga numa panela e cozinhe 400 g de damasco ou pêssego em calda bem escorrido e cortado ao meio, em fogo alto, mexendo por 2-3 minutos. Salpique 50 g de açúcar mascavo e cozinhe por 2-3 minutos, deixando caramelizar ligeiramente. Despeje 2 colheres (sopa) de suco de laranja e aqueça por 1 minuto. Transfira para uma travessa aquecida e espalhe 8 biscoitos amaretti quebrados por cima. Sirva com coalhada fresca.

30 Nectarinas e pêssegos ao gengibre

Aqueça 100 g de açúcar, um pedaço de 3,5 cm de gengibre fresco descascado ralado e 400 ml de suco de romã numa panela por 2 minutos, até o açúcar dissolver. Deixe ferver e cozinhe em fogo baixo por 10 minutos, até reduzir ao ponto de xarope. Tire o caroço de 4 nectarinas e 4 pêssegos. Corte cada nectarina em 8 pedaços e cada pêssego em 4. Adicione ao xarope quente e deixe esfriar ligeiramente. Acrescente 175 g de amoras frescas. Misture 2 pedaços de gengibre picado e sirva com coalhada fresca.

30 Camadas de chocolate e framboesas

4 porções

200 g de chocolate meio amargo quebrado em pedaços
300 ml de creme de leite fresco
250 g de framboesas frescas
cacau em pó para polvilhar
ramos de hortelã para decorar (opcional)

- Derreta o chocolate numa tigela refratária em banho-maria. Mexa até derreter e retire do fogo. Forre duas assadeiras com papel-manteiga. Com uma concha, faça 12 discos de 10 cm de diâmetro com o chocolate sobre o papel. Leve ao congelador (ou freezer) por 15 minutos, até ficarem firmes.
- Enquanto isso, bata o creme de leite até ficar firme. Em outra tigela, pressione as framboesas com um garfo, até ficarem ligeiramente amassadas e com bastante suco. Misture-as com o creme batido.
- Cuidadosamente, retire os discos de chocolate do papel. Resfrie quatro pratos de sobremesa e coloque 1 disco em cada um. Distribua metade do creme de framboesa sobre os discos, cubra com outro disco de chocolate e desepeje mais uma camada de creme de framboesa. Finalize com mais um disco de chocolate. Polvilhe um pouco de cacau em pó e sirva em seguida.

10 Sundae rápido de framboesas

Coloque 200 g de chocolate branco em pedaços em uma tigela refratária em banho-maria. Mexa até derreter e tire do fogo. Enquanto isso, separe quatro taças e coloque 1 bola de sorvete de creme em cada uma, seguida de 1 bola de sorvete de framboesa e mais 1 bola de sorvete de baunilha. Espalhe algumas framboesas frescas por cima e finalize despejando o chocolate branco derretido. Sirva imediatamente.

20 Loucura de framboesas

Coloque 250 g de framboesas frescas numa frigideira e amasse-as ligeiramente com um garfo. Adicione 150 g de açúcar e 2 colheres (chá) de suco de limão. Cozinhe em fogo médio-baixo, mexendo com cuidado, até o açúcar derreter. Cozinhe em fogo baixo por mais 3 minutos, até as framboesas ficarem macias, e o suco, em ponto de xarope. Deixe esfriar. Bata 300 ml de creme de leite fresco até ficar firme. Incorpore o creme à mistura de framboesas, com 125 g de framboesas frescas. Sirva em taças.

20 Cheesecakes com compota de framboesas e mirtilos

4 porções

8 biscoitos de gengibre
25 g de manteiga derretida
400 g de mascarpone ou cream cheese
75 g de açúcar
raspas e o suco de 1 limão
3 colheres (sopa) de creme de leite fresco
75 g de framboesas frescas
75 g de mirtilos frescos
2 colheres (sopa) de grenadine

- Coloque os biscoitos em um saco plástico culinário e bata com um rolo de macarrão, até esfarelar. Junte à manteiga derretida e misture bem. Distribua em quatro tigelas individuais (ramequins), pressione para formar uma base firme e deixe na geladeira enquanto prepara o recheio.
- Bata o mascarpone ou cream cheese, o açúcar, as raspas e o suco de limão, até ficar homogêneo. Incorpore delicadamente o creme de leite. Coloque colheradas da mistura sobre as bases e espalhe generosamente. Leve ao refrigerador por 5-10 minutos, enquanto prepara a compota.
- Em outra tigela, misture as frutas com o grenadine.
- Sirva os cheesecakes com colheradas da compota por cima.

---

10 Minicheesecakes de amoras Prepare o lemon curd: bata 4 colheres (sopa) de leite condensado com 1 colher (sobremesa) de suco de limão. Bata bem com o batedor e leve ao micro-ondas por 25 segundos. Bata o creme com 400 g de mascarpone ou cream cheese. Adicione 1 colher (chá) de suco de fruta da estação em cada uma das oito tarteletes doces prontas. Coloque uma colherada da mistura de queijo por cima e espalhe 200 g de amoras mistas frescas. Sirva com um pouco de açúcar de confeiteiro polvilhado por cima.

30 Cheesecake de mirtilos com licor de framboesa Coloque 150 g de biscoitos maria em um saco plástico culinário e bata com um rolo de macarrão, até esfarelar bem. Misture os farelos de biscoito com 25 g de amêndoas tostadas em lâminas e 75 g de manteiga derretida. Coloque a mistura em uma assadeira de fundo removível de 20 cm, pressione bem a massa e leve à geladeira. Bata 400 g de mascarpone ou cream cheese, 75 g de açúcar e as raspas e o suco de 1 limão. Misture com 150 ml de creme de leite fresco, espalhe a mistura sobre a base de biscoito e leve à geladeira até ficar firme. Faça uma compota, aquecendo 300 g de mirtilos frescos com 2 colheres (sopa) de açúcar de confeiteiro numa panela. Amasse ligeiramente com um garfo. Adicione 2-3 colheres (sopa) de licor de framboesa e misture. Espalhe sobre o cheesecake antes de servir.

20 Peras e chocolate ao forno

4 porções

3 latas de 410 g de pera em calda escorrida
5 colheres (sopa) de açúcar mascavo
250 g de farinha de trigo
100 g de manteiga cortada em cubos em temperatura ambiente
100 g de açúcar demerara
100 g de chocolate ao leite picado grosseiramente
1 colher (sopa) de maisena
2 colheres (sopa) de cacau em pó
1 colher (sopa) de açúcar
300 ml de leite
1 colher (chá) de extrato de baunilha

- Pique as peras e coloque-as em uma tigela. Adicione o açúcar mascavo e misture bem, até cobrir as peras. Transfira para uma travessa refratária grande.
- Bata a farinha e a manteiga num processador no modo pulsar até formar farelos grossos. Misture com o açúcar demerara e o chocolate.
- Espalhe a mistura esfarelada sobre as peras e leve ao forno preaquecido a 220 °C por 10-12 minutos, até começar a dourar.
- Enquanto isso, misture a maisena, o cacau em pó e o açúcar numa tigela refratária, até formar uma pasta com cerca de 1 colher (sopa) do leite e a baunilha. Aqueça o restante do leite numa panela e deixe quase ferver. Despeje sobre a mistura, mexendo constantemente. Leve a mistura para a panela e deixe ferver em fogo baixo, mexendo constantemente, até engrossar.
- Sirva quente com o creme de chocolate.

10 Peras de panela com molho de chocolate

Escorra 3 latas de 410 g de pera em calda e corte cada uma ao meio. Derreta 25 g de manteiga sem sal numa panela grande e cozinhe as peras em fogo alto, mexendo com frequência por 2 minutos. Adicione 1 colher (sopa) de açúcar mascavo e cozinhe por mais 1 minuto. Acrescente 75 g de chocolate meio amargo picado e 2 colheres (sopa) de creme de leite fresco. Reduza o fogo ao mínimo e misture, até o chocolate derreter, e o molho ficar homogêneo e brilhante. Sirva morno.

30 Cookies de chocolate e pera

Bata 250 g de farinha de trigo e 100 g de manteiga cortada em cubos no processador, até formar farelos grossos. Adicione 1 ovo e bata para misturar. Acrescente 100 g de chocolate ao leite bem picado e 1 pera pequena picada. Bata de novo rapidamente. Modele 15 bolas com essa massa e pressione-as sobre uma assadeira untada, usando um garfo. Asse em forno preaquecido a 220 °C por 12 minutos, até começar a dourar. Sirva morno.

10 Crème brûlée de arroz e framboesas

4 porções

75 g de framboesas frescas
1 colher (sopa) de açúcar
425 g de arroz-doce pronto
4 colheres (sopa) de creme de leite fresco
125 g de açúcar mascavo

- Coloque as framboesas em uma panela com o açúcar e 1 colher (sopa) de água e aqueça em fogo baixo por 2 minutos, até as framboesas amaciarem um pouco. Distribua em quatro tigelas refratárias individuais (ramequins).
- Numa panela separada, aqueça o arroz-doce e o creme de leite por 2 minutos. Coloque colheradas da mistura sobre as framboesas e finalize com uma grossa camada de açúcar mascavo.
- Coloque as tigelinhas numa assadeira e leve para caramelizar em forno preaquecido em temperatura alta por 1-2 minutos, até o açúcar ficar crocante. Sirva quente.

20 Crème brûlée com framboesas Coloque 75 g de framboesas frescas numa panela com 1 colher (sopa) de açúcar e a mesma quantidade de água. Aqueça por 2 minutos, até as framboesas ficarem ligeiramente macias. Distribua entre quatro tigelas refratárias individuais (ramequins). Ferva 300 ml de leite. Enquanto isso, numa tigela refratária, bata 2 gemas, 4 colheres (sopa) de açúcar, a mesma quantidade de creme de leite fresco e 1 colher (sopa) de farinha de milho fina. Despeje o leite quente sobre a mistura, mexendo constantemente. Volte a mistura para a panela em que ferveu o leite e aqueça, mexendo constantemente, até formar um creme espesso. Despeje sobre as framboesas. Salpique 125 g de açúcar mascavo. Com um maçarico de cozinha, caramelize o açúcar. Sirva morno.

30 Arroz-doce com baunilha e compota de framboesas Coloque 250 g de arroz arbóreo numa panela com 600 ml de leite, 300 ml de creme de leite fresco e 1 fava de baunilha cortada no comprimento. Deixe levantar fervura e adicione 125 g de açúcar mascavo. Reduza o fogo, tampe e deixe cozinhar por 20-25 minutos, até o arroz ficar macio. Enquanto isso, coloque 175 g de framboesas numa panela com 50 g de açúcar e 1 colher (sopa) de água. Aqueça, mexendo de vez em quando, por 2-3 minutos, até o açúcar dissolver, e as frutas ficarem macias. Retire a fava de baunilha do arroz e sirva em tigelas individuais aquecidas, com colheradas da compota por cima.

20 Creme de chocolate branco com framboesas

4 porções

150 g de chocolate branco em pedaços, mais um pouco em lascas para decorar
500 ml de creme de leite fresco
125 g de framboesas frescas ligeiramente amassadas
raspas de chocolate meio amargo para decorar

- Coloque o chocolate branco numa panela com 8 colheres (sopa) do creme de leite e aqueça ligeiramente, mexendo o tempo todo, até derreter o chocolate e a mistura ficar homogênea. Retire do fogo.
- Despeje 200 ml do creme de leite numa tigela de plástico e bata até firmar. Incorpore o creme de leite restante e a mistura de chocolate. Misture as framboesas. Leve a tigela ao freezer por 5 minutos.
- Distribua a mistura entre quatro taças de sobremesa e decore com raspas de chocolate amargo e branco.

---

10 Creme rico de chocolate branco e framboesas

Creme rico de chocolate branco e framboesas Bata 300 ml de creme de leite fresco na batedeira, até formar picos. Pique grosseiramente 160 g de chocolate branco e espalhe pelo creme batido. Amasse delicadamente com um garfo 100 g de framboesas frescas e incorpore ao creme com chocolate. Sirva em quatro taças de sobremesa.

30 Creme de rum com morangos

No processador, bata 400 g de morangos (reserve alguns para a decoração) com 50 g de açúcar, até formar um purê. Leve ao refrigerador. Bata 150 ml de creme de leite fresco numa tigela, até engrossar um pouco. Adicione 25 g de açúcar, 1 colher (sopa) de rum e meia colher (chá) de extrato de baunilha. Faça camadas alternando o purê de morangos e o creme em quatro taças de sobremesa. Finalize com uma camada de creme. Leve ao refrigerador até firmar. Decore com os morangos reservados. Pode ser servido com biscoitos amanteigados.

30 Compota de ameixas com sorvete

4 porções

750 g de ameixas sem caroço cortadas ao meio
100 g de açúcar
½ colher (chá) de canela em pó
½ colher (chá) de gengibre em pó
3 colheres (sopa) de água
sorvete para acompanhar

- Coloque todos os ingredientes, exceto o sorvete, numa panela grande e deixe levantar fervura, mexendo de vez em quando. Reduza o fogo ao mínimo, tampe e deixe cozinhar por 15-20 minutos. Mexa de vez em quando, até as ameixas ficarem macias.
- Transfira para uma travessa grande e deixe esfriar por 5 minutos antes de servir.
- Sirva acompanhada de bolas do sorvete de sua preferência.

10 Ameixas, damascos e pêssegos caramelizados Corte ao meio e tire os caroços de 750 g de ameixas, damascos e pêssegos. Aqueça uma frigideira antiaderente grande. Pressione o lado cortado de cada fruta num prato com açúcar (de sua escolha) e caramelize, com o lado do açúcar para baixo, por 3-5 minutos, até ficar dourado. Deixe esfriar ligeiramente e sirva com coalhada fresca e regada com mel.

20 Frutas com mel e mascarpone Tire o caroço e fatie 2 ameixas e 2 damascos ou pêssegos. Coloque numa tigela. Descasque e fatie 1 kiwi e fatie 250 g de cerejas. Coloque na tigela com as ameixas e os damascos e misture cuidadosamente. Numa tigela separada, misture 250 g de mascarpone com 2 colheres (sopa) de mel, meia colher (chá) de extrato de baunilha e as sementes de uma fava de baunilha. Sirva as frutas em pratos de sobremesa, acompanhadas com a mistura de mascarpone.

30 Damasco com creme de limão e amaretti

4 porções

500 g de damasco sem caroço cortado ao meio ou pêssego
4 colheres (sopa) de açúcar mascavo
1 fava de baunilha cortada no sentido do comprimento
raspas de 1 limão
200 ml de creme de leite fresco

Para os amaretti

1 clara de ovo
75 g de amêndoas moídas
50 g de açúcar

- Coloque os damascos em uma panela com o açúcar mascavo, a fava de baunilha, 5 colheres (sopa) de água e deixe levantar fervura. Reduza bem o fogo, tampe e cozinhe por 15 minutos até os damascos ficarem macios, mas ainda mantendo seu formato.
- Enquanto isso, para o amaretti, bata a clara numa tigela antiaderente, até ficar firme. Adicione as amêndoas moídas e o açúcar, incorporando delicadamente. Forre uma assadeira com papel-manteiga e coloque colheradas da mistura, tomando cuidado para deixá-las bem separadas.
- Asse em forno preaquecido a 190 °C por 10 minutos, até começar a dourar. Deixe esfriar por 5 minutos, retire cuidadosamente do papel e transfira para uma grade.
- Misture as raspas de limão com o creme de leite fresco. Retire a fava de baunilha dos damascos e sirva-os nos pratos de sobremesa, com o creme de limão por cima, acompanhados dos amaretti.

---

10 Pavlovas de damasco

Coloque 2 colheres (sopa) de creme de leite fresco sem soro em cada um dos 4 discos de merengue prontos. Escorra 400 g de damasco em lata ou pêssego, corte em fatias finas e coloque por cima do creme. Finalize cada pavlova com um raminho de hortelã.

20 Pudim quente de pão doce com damasco

damasco Prepare o creme de baunilha: em uma tigela, bata 3 gemas com 3 colheres (sopa) de açúcar e gotas de extrato de baunilha. Leve ao fogo 300 ml de leite apenas até ferver. Acrescente às gemas, aos poucos. Coloque a mistura na panela. Aqueça em fogo baixo, mexendo sempre, até o creme engrossar. Não deixe ferver para não talhar. Corte 4 pães doces em pedaços e coloque numa travessa refratária untada. Coloque 6 colheres (sopa) de geleia de damasco sobre os pães e adicione o creme por cima. Leve ao forno preaquecido a 180 °C por 10-15 minutos, até borbulhar. Sirva imediatamente.

10 Rabanada de pão doce com creme de frutas vermelhas

4 porções

2 ovos
4 colheres (sopa) de leite
25 g de açúcar
½ colher (chá) de canela em pó
25 g de manteiga
4 fatias de pão doce com frutas
125 g de frutas vermelhas frescas
8 colheres (sopa) de creme de leite fresco
açúcar de confeiteiro para polvilhar
mel para regar

- Bata os ovos com o leite, o açúcar e a canela. Derreta a manteiga numa frigideira grande. Mergulhe as fatias de pão doce com frutas, duas de cada vez, na mistura de ovo, dos dois lados, de modo que fiquem encharcadas. Coloque as fatias de pão na frigideira e frite em fogo médio por 1-2 minutos de cada lado.
- Enquanto isso, misture metade das frutas vermelhas com o creme de leite fresco.
- Coloque a mistura de frutas com creme sobre as rabanadas mornas e salpique as frutas frescas. Polvilhe açúcar de confeiteiro e regue com mel para servir.

---

20 Rabanada de chocolate com framboesas Bata 2 ovos com 4 colheres (sopa) de leite achocolatado, 25 g de açúcar refinado e meia colher (chá) de canela em pó. Derreta 25 g de manteiga numa frigideira grande. Mergulhe quatro fatias largas de brioche, duas de cada vez, na mistura de ovo, dos dois lados, de modo que fiquem encharcadas. Coloque na frigideira e frite em fogo médio por 1-2 minutos de cada lado, até dourarem. Retire e mantenha quentes. Coloque 125 g de chocolate meio amargo picado numa panela com 6 colheres (sopa) de creme de leite fresco e 15 g de manteiga. Aqueça, mexendo constantemente, até o molho ficar homogêneo, e o chocolate, derretido. Sirva as rabanadas com colheradas de creme de leite fresco sem soro, salpicado com 75 g de framboesas frescas e 50 g de chocolate meio amargo picado grosseiramente. Finalize regando com o creme de chocolate morno.

---

30 Pudim de pão com frutas vermelhas Passe um pouco de manteiga em oito fatias de pão doce com frutas, coloque-os no fundo de uma travessa refratária grande e cubra com 125 g de frutas vermelhas variadas, descongeladas, se for o caso. Numa tigela, bata 3 ovos, 450 ml de leite, 50 g de açúcar e meia colher (chá) de canela em pó. Despeje sobre o pão com as frutas. Leve ao forno preaquecido a 200 °C por 20 minutos, até ficar ligeiramente dourado. Salpique 2 colheres (sopa) de açúcar demerara para servir.

30 Musse de chocolate com sorvete de pistache

6 porções

200 g de chocolate meio amargo em barra em pedaços
200 g de manteiga sem sal cortada em cubos
3 ovos
75 g de açúcar
açúcar de confeiteiro para polvilhar
sorvete de pistache ou baunilha para servir

- Coloque o chocolate e a manteiga numa tigela refratária em banho-maria. Mexa até derreter e ficar homogêneo. Retire do fogo.
- Bata os ovos e o açúcar numa tigela, até engrossar. Incorpore o chocolate derretido com manteiga, até misturar bem.
- Distribua em seis tigelas individuais (ramequins) e coloque numa assadeira. Leve ao forno preaquecido a 150 °C por 7 minutos, até firmar.
- Deixe esfriar por 10 minutos. Polvilhe açúcar de confeiteiro e sirva com uma bola de sorvete de pistache ou baunilha por cima de cada musse.

---

10 **Affogato al caffè com licor de chocolate** Coloque pequenas bolas de sorvete de baunilha no fundo de pequenos copos. Despeje um pouco de licor gelado de chocolate por cima e finalize com uma dose de café *espresso*. Sirva imediatamente.

---

20 **Banana e sorvete com calda especial de chocolate** Coloque em uma panela 50 g de cada um dos seguintes ingredientes: manteiga, cacau em pó, açúcar mascavo e açúcar. Adicione 200 ml de leite e meia colher (chá) de extrato de baunilha. Aqueça em fogo médio, mexendo constantemente, até ficar homogêneo e macio. Deixe levantar fervura, abaixe o fogo e cozinhe, até a calda engrossar. Fatie 1 banana em cada uma das seis taças de sobremesa, adicione bolas de sorvete de baunilha e finalize com a calda de chocolate.

20 Camadas banoffee

4 porções

6 biscoitos maria
2 bananas grandes
50 g de manteiga
50 g de açúcar mascavo
350 ml de creme de leite fresco
chocolate meio amargo ralado para decorar

- Coloque os biscoitos num saco plástico culinário e bata com um rolo de macarrão, até formar migalhas bem finas. Distribua entre quatro taças de sobremesa altas e arrume, forrando as bases das taças.
- Amasse uma das bananas e distribua entre as taças, compondo uma camada por cima dos farelos de biscoito.
- Derreta a manteiga numa panela pequena, adicione o açúcar e aqueça em fogo médio, mexendo bem, até o açúcar dissolver. Adicione 150 ml do creme de leite e cozinhe por 1-2 minutos, até engrossar. Retire do fogo e deixe esfriar por 1 minuto. Distribua a mistura nas taças, por cima da banana amassada.
- Bata o restante do creme de leite, até ficar firme.
- Fatie a segunda banana e distribua por cima do caramelo. Finalize com colheradas de creme. Decore com chocolate meio amargo ralado antes de servir.

---

10 Pudim banoffee com tâmaras Bata ligeiramente 300 ml de creme de leite fresco numa tigela grande. Esfarele 4 suspiros prontos por cima. Adicione 4 bananas fatiadas e um punhado de tâmaras picadas. Coloque por cima 4 colheres (sopa) de calda de caramelo pronta. Sirva em pratos de sobremesa, salpique um punhado de nozes-pecãs e finalize com um pouco mais de calda de caramelo.

30 Torta rápida banoffee Forre uma assadeira para tortas de 20 cm com filme de PVC. Num processador, bata 175 g de tâmaras picadas e 225 g de amêndoas inteiras. Espalhe no fundo da assadeira, pressione e leve ao freezer por 10 minutos. Coloque 300 g de coalhada fresca numa travessa larga e baixa, salpique 2 colheres (sopa) de açúcar mascavo e leve ao refrigerador por 5 minutos. Transfira a base para uma travessa, retirando o filme plástico. Espalhe 2 bananas fatiadas por cima. Mexa o açúcar, fazendo voltas na coalhada, e coloque colheradas sobre as bananas, mantendo o efeito das ondas. Finalize com chocolate meio amargo ralado e sirva imediatamente.

30 Crumble de maçã e amoras

4 porções

4 maçãs maduras descascadas, sem sementes e picadas grosseiramente
2 colheres (sopa) de açúcar mascavo
2 colheres (sopa) de açúcar
175 g de amoras
100 g de farinha de trigo
75 g de manteiga sem sal em cubos
100 g de aveia em flocos
100 g de açúcar demerara
½ colher (chá) de canela em pó
sorvete ou creme de leite fresco para finalizar

- Coloque as maçãs, o açúcar mascavo, o açúcar e 3 colheres (sopa) de água em uma panela e cozinhe em fogo baixo, mexendo de vez em quando, por 5-8 minutos, até as maçãs ficarem macias e começarem a amolecer. Adicione as amoras, tampe e tire do fogo. Mantenha aquecido.
- Coloque a farinha numa tigela grande, adicione a manteiga e misture com as pontas dos dedos, até a massa ficar em farelos. Adicione a aveia, o açúcar demerara e a canela. Espalhe numa assadeira grande e leve ao forno preaquecido a 200 °C por 10-15 minutos, mexendo na metade do tempo, até dourar.
- Coloque colheradas da compota em tigelas de sobremesa aquecidas e finalize com os farelos dourados ainda mornos. Sirva com sorvete ou creme de leite fresco.

10 Compota rápida e refrescante

Escorra 400 g de maçãs ou peras em calda e pique grosseiramente. Cozinhe com 3 colheres (sopa) de açúcar mascavo em fogo médio, mexendo de vez em quando, por 3-4 minutos. Divida 300 g de coalhada fresca entre quatro tigelas individuais de vidro. Adicione as frutas mornas e sirva com biscoitos amanteigados.

20 Frutas crocantes da estação

Frutas crocantes da estação Divida 200 g de frutas variadas da estação em quatro tigelas individuais refratárias (ramequins). Salpique 2 colheres (chá) de açúcar de baunilha e 1 colher (chá) de farinha de milho em cada tigela. Mexa um pouco. Cubra cada uma com 1-2 colheres (sopa) de granola. Coloque as tigelas numa assadeira e leve ao forno preaquecido a 220 °C por 15 minutos. Sirva com sorvete de baunilha.

20 Abacaxi caramelizado com rum e passas

4 porções

½ abacaxi descascado sem miolo em fatias finas
25 g de manteiga sem sal
2 colheres (sopa) de açúcar mascavo
4 colheres (sopa) de rum
4 colheres (sopa) de passas
sorvete para acompanhar

- Corte as fatias de abacaxi ao meio. Derreta a manteiga numa frigideira grande e cozinhe o abacaxi em fogo alto por 2-3 minutos de cada lado, até dourar. Espalhe o açúcar por cima, mexa e cozinhe por 1 minuto. Despeje o rum e espalhe as passas. Cozinhe por mais 2 minutos, misturando.
- Distribua em quatro tigelas de sobremesa individuais e sirva com uma bola de sorvete de baunilha em cada uma.

---

10 Abacaxi, manga e maracujá caramelizados Derreta 25 g de manteiga numa frigideira grande e cozinhe em fogo alto 400 g de abacaxi e manga em cubos e polpa de maracujá misturados, virando com frequência, por 3-4 minutos. Espalhe 2 colheres (sopa) de açúcar mascavo por cima e 1 colher (chá) de especiarias mistas. Cozinhe por mais 2 minutos, misturando. Sirva imediatamente com creme de leite light.

30 Abacaxi flambado Descasque e fatie 1 abacaxi e retire o miolo. Derreta 50 g de manteiga numa frigideira grande e cozinhe as fatias de abacaxi numa única camada, em porções, por 90 segundos de cada lado. Transfira para uma tigela. Adicione à frigideira sementes de 1 fava de baunilha, 50 g de açúcar mascavo e o suco de 1 laranja. Cozinhe, mexendo até o açúcar derreter. Volte o abacaxi cozido com o caldo para a panela e cozinhe até esquentar bem. Despeje 3 colheres (sopa) de rum e flambe. Retire do fogo e deixe que as chamas se apaguem sozinhas. Sirva com creme de leite light.

30 Tarteletes de ruibarbo e gengibre

4 porções

190 g de massa de torta doce pré-pronta, descongelada, se for o caso
farinha de trigo para polvilhar
500 g de ruibarbo cortado em pedaços (pode ser substituído por maçã verde descascada)
50 g de açúcar
3 pedaços de gengibre picado
uma pitada de gengibre em pó
2 colheres (sopa) de xarope de gengibre
15 g de manteiga sem sal
sorvete ou creme de leite fresco para acompanhar

- Abra a massa numa superfície de trabalho polvilhada com farinha de trigo e forre quatro forminhas caneladas de tartelete de 10 cm com a massa. Fure algumas vezes a base com a ponta de um garfo.
- Forre cada tartelete com um pedaço de papel-manteiga e encha as forminhas com bolinhas de cerâmica próprias para confeitaria ou feijões crus. Leve ao forno preaquecido a 200 °C por 15 minutos. Retire o papel e as bolinhas e asse por mais 2-3 minutos.
- Enquanto isso, cozinhe numa panela em fogo médio o ruibarbo com o restante dos ingredientes, exceto o sorvete ou o creme de leite fresco, mexendo de vez em quando, por 5 minutos. Reduza o fogo e cozinhe por mais 10 minutos, mexendo, até o ruibarbo ficar tenro e suculento.
- Retire as tarteletes das forminhas. Coloque uma em cada prato de sobremesa e encha com a mistura de ruibarbo. Sirva quente, acompanhado de sorvete ou creme de leite fresco.

10 Compota de ruibarbo e gengibre

Corte 500 g de ruibarbo (ou maçã verde descascada) em fatias de 0,5 cm. Coloque numa panela com 150 g de açúcar, 3 pedaços de gengibre bem picado e 2 colheres (chá) de extrato de baunilha. Deixe levantar fervura e mexa para dissolver o açúcar. Tampe parcialmente e cozinhe em fogo brando por cerca de 3 minutos. Tire a tampa e cozinhe por mais 2 minutos, até o ruibarbo ficar tenro. Despeje numa jarra e deixe esfriar um pouco até a hora de servir com sorvete de creme ou creme de baunilha (ver p. 246).

20 Trifle de ruibarbo e gengibre

Coloque 6 talos de ruibarbo (ou maçã verde descascada) picados numa panela com 100 ml de água e 150 g de açúcar. Cozinhe em fogo médio, mexendo com frequência, por 5 minutos. Escorra, reserve o líquido e deixe esfriar por 5 minutos. Misture 2 colheres (sopa) de Grand Marnier ao líquido do ruibarbo. Numa tigela, bata 250 g de mascarpone, 125 g de coalhada fresca e 50 g de açúcar de confeiteiro, até engrossar. Corte meio bolo de gengibre pronto em oito fatias. Separe quatro taças de sobremesa e coloque uma fatia de bolo no fundo de cada uma. Regue com o líquido do ruibarbo suficiente para umedecer. Adicione uma colherada de ruibarbo em cada taça e depois mais uma fatia de bolo. Regue cada uma com um pouco mais do líquido do ruibarbo. Finalize com outra camada de ruibarbo. Distribua a mistura de mascarpone entre as taças e salpique amêndoas em lâminas tostadas e gengibre picado para finalizar.

30 Arroz cremoso de coco com manga e limão

4 porções

125 g de arroz arbóreo
75 g de açúcar
300 ml de leite
400 ml de leite de coco
½ manga descascada e cortada em pedaços pequenos
raspas e suco de 1 limão

- Coloque o arroz em uma panela com o açúcar, o leite e o leite de coco. Deixe levantar fervura. Reduza bem o fogo e cozinhe por 20 minutos, até o arroz engrossar.
- Enquanto isso, coloque a manga numa tigela e misture com as raspas e o suco do limão.
- Sirva porções do arroz em potes de sobremesa e finalize com colheradas da mistura de manga e limão no centro de cada um.

10 Arroz-doce com manga e coco

Aqueça 800 g de arroz-doce pronto com meia manga descascada e cortada em pedaços e 3 colheres (sopa) de coco desidratado levemente tostado. Sirva em potes de sobremesa grandes salpicado com coco desidratado tostado.

20 Arroz de coco com banana caramelizada

Coloque 125 g de arroz arbóreo numa panela com 75 g de açúcar, 300 ml de leite e 400 ml de leite de coco. Deixe ferver, reduza bem o fogo e cozinhe por 20 minutos, até o arroz engrossar. Enquanto isso, corte 4 bananas maduras ao meio no sentido do comprimento e salpique com 4 colheres (sopa) de açúcar mascavo e 1 colher (chá) de canela em pó. Aqueça uma frigideira antiaderente em fogo alto e cozinhe as bananas por 2 minutos de cada lado, ou até o açúcar caramelizar. Coloque colheradas do arroz em pratos de sobremesa e finalize com as fatias de banana caramelizada.

10 Bolo de limão grelhado com compota de frutas vermelhas

4 porções

25 g de manteiga sem sal
2 ameixas cortadas em pedaços
175 g de morangos frescos cortados ao meio
50 g de açúcar
½ colher (chá) de canela em pó
2 colheres (sopa) de água
125 g de framboesas frescas
4 fatias grossas de bolo de limão
2 colheres (sopa) de açúcar de confeiteiro

- Derreta a manteiga em uma panela e cozinhe as ameixas em fogo médio por 2 minutos, mexendo de vez em quando. Adicione os morangos, o açúcar, a canela, a água e cozinhe por 2 minutos, mexendo, até as frutas ficarem macias. Adicione as framboesas.
- Enquanto isso, aqueça uma panela tipo grill em temperatura alta. Passe um lado de cada fatia de bolo no açúcar de confeiteiro e grelhe com o lado do açúcar para baixo, por 1 minuto, até aquecer e marcar as linhas da grelha. Faça o mesmo com o outro lado das fatias de bolo.
- Sirva as fatias de bolo com a compota morna por cima.

---

20 Trifle de ameixas, morangos e bolo de limão

Derreta 25 g de manteiga numa panela e cozinhe em fogo médio 2 ameixas sem caroço e cortadas em pedaços, mexendo de vez em quando, por 2 minutos. Adicione 175 g de morangos cortados ao meio, 50 g de açúcar, meia colher (chá) de canela em pó e 1 colher (sopa) de água. Cozinhe por mais 2 minutos, mexendo de vez em quando, até as ameixas ficarem macias. Deixe esfriar por 5 minutos. Coloque colheradas da compota na base de uma tigela de vidro. Faça uma camada com quatro fatias de bolo de limão em pedaços. Regue o bolo com 2 colheres (sopa) de xerez e coloque por cima 400 ml de manjar pronto de boa qualidade, preparado de acordo com as instruções da embalagem. Finalize com colheradas de creme de leite fresco. Decore com morangos frescos cortados em quatro.

---

30 Pudim de bolo de limão e marzipan com compota de ameixas

Derreta 25 g de manteiga numa panela e cozinhe em fogo médio 6 ameixas cortadas em pedaços, durante 2 minutos. Mexa de vez em quando. Adicione 50 g de açúcar, meia colher (chá) de canela em pó e 1 colher (sopa) de água. Cozinhe por mais 2 minutos, mexendo de vez em quando, até as ameixas ficarem macias. Coloque no fundo de uma travessa refratária baixa. Cubra com quatro fatias grossas de bolo de limão e finalize com 175 g de marzipan ralado. Leve à grade mais alta do forno, preaquecido a 190 °C por 15 minutos, até o marzipan dourar em alguns pontos.

20 Pudins de micro-ondas com mel

4 porções

100 g de manteiga, amolecida, mais um pouco para untar
100 g de açúcar mascavo
100 g de farinha de trigo com fermento
1 colher (chá) de mix de especiarias
1 ovo batido
4 colheres (sopa) de mel
creme de baunilha para acompanhar (ver p. 246)

Mix de especiarias para bolo

1 colher (sopa) de canela em pó
1 colher (chá) de sementes de coentro em pó
1 colher (chá) de noz-moscada em pó
½ colher (chá) de gengibre ralado
¼ de colher (chá) de pimenta-da-jamaica em pó
¼ de colher (chá) de cravo-da-índia em pó

- Para o mix de especiarias, misture todos os ingredientes e reserve.
- Unte ligeiramente quatro tigelas individuais de 150 ml e forre as bases com papel-manteiga. Bata a manteiga com o açúcar em uma tigela até ficar claro e fofo. Misture a farinha e 1 colher (chá) de mix de especiarias e adicione o ovo. Bata até a mistura ficar homogênea.
- Distribua a mistura entre as tigelinhas preparadas. Cubra cada uma com um disco de papel-manteiga e cozinhe todas juntas no micro-ondas, em potência alta, por 2½ minutos. Deixe descansar por 3-4 minutos para finalizar.
- Tire os pudins das tigelinhas, coloque em pratos de sobremesa e regue cada um com 1 colher (sopa) de mel enquanto ainda estiverem mornos. Sirva com creme de baunilha (ver p. 246).

---

10 Bolo de limão com mel Corte em pedaços 1 bolo de limão pronto e coloque no fundo de uma travessa refratária. Coloque 5 colheres (sopa) de mel em uma panela com 25 g de manteiga e 2 colheres (sopa) de açúcar mascavo. Aqueça por 2 minutos, mexendo constantemente até o mel ficar bem incorporado à manteiga. Despeje sobre os pedaços de bolo e aqueça no micro-ondas, em potência alta, por 1 minuto. Sirva quente com bolas de sorvete.

---

30 Bolo de baunilha com mel Unte uma forma rasa para bolo de 1 litro e coloque 6 colheres (sopa) de mel. No processador, bata 100 g de manteiga amolecida, a mesma quantidade de açúcar, 2 ovos batidos e 1 colher (chá) de extrato de baunilha. Adicione 100 g de farinha de trigo com fermento e pulse até misturar. Espalhe na fôrma de bolo e leve ao forno preaquecido a 180 °C por 25 minutos, até dourar. Sirva com creme de baunilha (ver p. 246).

30 Pudim supercremoso de chocolate

4 porções

75 g de manteiga sem sal amolecida
75 g de açúcar mascavo
3 ovos
65 g de farinha de trigo com fermento
3 colheres (sopa) de cacau em pó
½ colher (chá) de fermento
açúcar de confeiteiro para polvilhar

Para a calda

2 colheres (sopa) de cacau em pó
50 g de açúcar mascavo
250 ml de água fervente

Para acompanhar

sorvete de creme
creme de leite fresco fatiado

- Unte uma travessa refratária de 600 ml com um pouco da manteiga. Coloque a manteiga restante, o açúcar mascavo e os ovos em uma tigela grande e adicione a farinha, o cacau e o fermento. Bata até ficar homogêneo. Coloque a mistura na travessa untada e espalhe bem para alisar.
- Para a calda, coloque o cacau e o açúcar em uma tigela e misture com um pouco da água para formar uma pasta homogênea. Adicione o restante da água, um pouco por vez, e misture bem.
- Coloque a calda sobre a mistura do pudim e leve ao forno preaquecido a 200 °C por 15 minutos, ou até que a calda tenha ido para o fundo da travessa, e o pudim, crescido bem. Polvilhe açúcar de confeiteiro e sirva com sorvete ou creme de leite fresco batido.

---

10 Bolo de chocolate com calda quente Aqueça quatro pedaços de bolo de chocolate pronto no forno de micro-ondas por 1 minuto. Enquanto isso, misture 1 colher (chá) de raspas de laranja em 115 g de creme de leite fresco batido. Faça a calda de chocolate como acima. Sirva os bolos aquecidos cobertos com a calda quente e finalize com uma colherada de sorvete de laranja.

20 Panquecas com calda quente de chocolate Num processador, bata 100 g de farinha de trigo, 1 colher (sopa) de cacau em pó, 1 ovo e 200 ml de leite, até ficar homogêneo. Aqueça um pouco de óleo vegetal numa frigideira antiaderente e frite as panquecas em porções de 100 ml de cada vez, em fogo médio, por 1-2 minutos. Vire e frite do outro lado. Retire e mantenha aquecido. Faça a calda de chocolate como acima. Sirva as panquecas regadas com a calda quente, polvilhadas com açúcar de confeiteiro e acompanhadas de sorvete.

30 Torta de pera com doce de leite

4-6 porções

manteiga, para untar
800 g de peras em calda escorridas
5 colheres (sopa) de doce de leite
375 g de massa doce para torta descongelada, se for o caso
farinha de trigo para polvilhar
sorvete ou creme de leite fresco batido para acompanhar

- Forre uma fôrma para bolo com fundo removível de 23 cm com papel-manteiga e unte.
- Coloque as peras e o doce de leite numa panela e aqueça em fogo brando por 1-2 minutos, mexendo de vez em quando, até as peras ficarem bem cobertas com o doce de leite. Arrume as peras no fundo da fôrma preparada, formando uma camada única.
- Estique a massa numa superfície de trabalho ligeiramente polvilhada com farinha de trigo e faça um disco um pouco maior que a fôrma. Coloque a massa sobre as peras, dobrando a parte que sobrar para fora da fôrma.
- Leve ao forno preaquecido a 220 °C por 20 minutos, até dourar a massa. Corra uma faca pela borda da fôrma e vire num prato de bolo. Sirva cortado em fatias, acompanhado de sorvete ou creme de leite fresco batido.

---

10 Peras caramelizadas de panela
Derreta 25 g de manteiga em uma frigideira grande. Corte em quatro pedaços 800 g de pera em calda escorrida e coloque em uma tigela. Envolva as peras em 5 colheres (sopa) de doce de leite. Cozinhe até o molho borbulhar, e as peras ficarem macias. Sirva com bolas de sorvete, regadas com calda de caramelo.

20 Tortinhas de pera caramelizada De um pacote de 375 g de massa doce para torta já esticada, corte quatro discos de 10 cm de diâmetro, usando um pequeno prato ou um pires como molde. Coloque os discos em uma assadeira. Fure com a ponta de um garfo e leve ao forno preaquecido a 200 °C por 10 minutos, até dourarem. Enquanto isso, escorra 400 g de pera em calda e pique ou fatie. Derreta 25 g de manteiga em uma panela e cozinhe as peras em fogo médio, mexendo com frequência, por 2 minutos. Espalhe por cima 3 colheres (sopa) de açúcar mascavo e cozinhe, misturando, por mais 1 minuto. Adicione 2 colheres (sopa) de creme de leite fresco e misture bem para fazer uma calda. Coloque as peras caramelizadas sobre os discos de massa em pratos de sobremesa e sirva com sorvete, se preferir.

10 Pavê de scone com morangos e creme

4 porções

175 g de morangos frescos cortados em quatro, mais 2 cortados ao meio para decorar
4 colheres (sopa) de geleia de morango
4 colheres (sopa) de creme de leite fresco batido
2 scones ou bolinhos de aveia cortados ao meio

- Coloque os morangos cortados numa tigela e misture com a geleia de morango. Distribua metade dos morangos entre quatro taças de sobremesa e coloque 1 colher (sopa) do creme de leite fresco batido por cima. Depois, acrescente metade de um scone.
- Distribua o restante dos morangos e decore cada taça com as metades dos morangos.

---

20 Pavê de scone e frutas embriagadas

Coloque numa tigela 250 g de morangos frescos, 125 g de framboesas frescas e 4 colheres (sopa) de geleia de morango ou framboesa em conserva. Misture bem e transfira para uma tigela de vidro. Pique grosseiramente 4 scones ou bolinhos de aveia e espalhe por cima das frutas. Regue com 6 colheres (sopa) de xerez seco. Coloque 400 g de creme de baunilha (ver p. 246) resfriado por cima e finalize com 400 ml de creme de leite fresco. Decore com morangos cortados ao meio.

---

30 Compota de frutas vermelhas com scones ao forno

Coloque 500 g de mix de frutas vermelhas congeladas numa panela com 125 g de açúcar e 4 colheres (sopa) de xerez seco ou água. Deixe ferver e transfira para uma travessa refratária baixa. Corte ao meio 4 scones ou bolinhos de aveia e coloque por cima das frutas, com o lado do corte para baixo. Salpique 5 colheres (sopa) de açúcar demerara misturado com meia colher (chá) de canela em pó. Leve ao forno preaquecido a 190 °C por 15 minutos. Sirva com creme de baunilha (ver p. 246).

20 Maçã crocante rápida

4 porções

25 g de manteiga sem sal
2 maçãs fuji grandes descascadas, sem sementes e cortadas em pedaços
4 colheres (sopa) de açúcar mascavo
4 colheres (sopa) de creme de leite fresco
8 colheres (sopa) de granola
2 colheres (sopa) de amêndoas em lâminas tostadas
creme de leite fresco batido para acompanhar (opcional)

- Derreta a manteiga numa frigideira e cozinhe as maçãs em fogo médio por 5-6 minutos, mexendo de vez em quando, até ficarem tenras e douradas.
- Adicione o açúcar e cozinhe, mexendo, por 1 minuto. Acrescente o creme de leite e cozinhe por mais 1 minuto, mexendo, até a calda ficar com cor de caramelo, e as maçãs, macias, ainda mantendo o formato.
- Distribua a mistura de maçã em quatro tigelas individuais aquecidas. Misture a granola com as amêndoas e coloque sobre as maçãs quentes. Sirva com uma colherada de creme de leite fresco batido, se preferir.

10 Maçã e framboesas crocantes grelhadas

Misture 400 g de compota de maçã com 100 g de framboesas frescas e distribua em quatro tigelas individuais refratárias. Salpique 8 colheres (sopa) de granola misturadas com 2 colheres (sopa) de amêndoas moídas. Coloque um pouco de manteiga por cima e cozinhe sob grelha preaquecida em temperatura média por 2 minutos, até aquecer. Sirva com sorvete de baunilha.

30 Frutas de verão em barra de cereal

Coloque 500 g de mix de frutas congeladas de sua escolha numa assadeira e salpique 4 colheres (sopa) de açúcar. Derreta 100 g de manteiga e 100 g de glicose de milho numa panela. Misture com 150 g de aveia em flocos e 20 g de amêndoas moídas. Espalhe a mistura sobre as frutas e leve ao forno preaquecido a 180 °C, por 25 minutos, até dourarem. Sirva com sorvete de baunilha.

30 Delícia de limão com merengue

4 porções

raspas e suco de 2 limões
150 g de açúcar
2 colheres (sopa) de farinha de milho
1 gema
2 claras
1 colher (chá) de açúcar mascavo

- Coloque as raspas e o suco de limão numa panela pequena com 75 g do açúcar e 150 ml de água. Deixe levantar fervura. Enquanto isso, numa tigela refratária misture 3 colheres (sopa) de água com a farinha de milho e acrescente o caldo quente. Misture bem até engrossar. Adicione a gema. Volte para a panela e cozinhe por mais 1 minuto, mexendo constantemente, até engrossar. Distribua entre quatro tigelas individuais refratárias (ramequins).
- Bata as claras em neve. Adicione 1 colher (sopa) do açúcar restante de cada vez, batendo bem entre cada adição, até o merengue ficar macio e brilhante.
- Coloque colheradas de merengue sobre a mistura de limão nas tigelinhas e salpique com açúcar mascavo. Coloque as tigelas numa assadeira e doure ligeiramente em forno preaquecido em temperatura alta por 1-2 minutos, até as pontas ficarem um pouco firmes. Sirva quente.

---

10 Merengue de limão e morangos Quebre 8 suspiros prontos em pedaços pequenos e coloque numa tigela. Em outra tigela, bata 300 ml de creme de leite fresco, até firmar, e acrescente os suspiros e 200 g de morangos cortados ao meio e 1 colher (chá) de raspas de limão. Sirva em taças de sobremesa individuais, enfeitadas com folhas de hortelã.

20 Pudim de limão picante No processador, bata 125 g de manteiga amolecida e a mesma quantidade de açúcar e de farinha de trigo com fermento, 2 ovos batidos e as raspas de 1 limão, até misturar bem. Faça o creme de limão conforme a receita acima e coloque 1 colher (sopa) no fundo de cada uma de quatro tigelas individuais refratárias (ramequins) untadas. Adicione a mistura batida por cima e cubra com tampa própria para micro-ondas. Cozinhe cada tigela separadamente no micro-ondas, em potência alta, por 1 minuto e meio, até crescer. Deixe descansar por 1 minuto antes de servir com sorvete de creme.

10 Bananas carameladas

4 porções
25 g de manteiga
50 g de açúcar mascavo
4 bananas
8 colheres (sopa) de creme de leite fresco
sorvete de baunilha para acompanhar

- Derreta a manteiga numa frigideira grande, adicione o açúcar e aqueça ligeiramente, até dissolver, e a manteiga, espumar.
- Corte as bananas ao meio no sentido do comprimento e depois corte cada parte ao meio. Coloque na frigideira e cozinhe em fogo médio, mexendo e virando com cuidado, uma ou duas vezes, por 3-4 minutos. Retire da frigideira com uma escumadeira e distribua entre quatro pratos de sobremesa aquecidos.
- Adicione o creme de leite à frigideira e mexa bem com uma colher de pau. Coloque colheradas da calda sobre as bananas e sirva com bolas de sorvete de baunilha.

---

20 Panquecas de banana com passas ao rum Prepare um pacote de 150 g de mistura para panquecas, seguindo as instruções da embalagem. Derreta 25 g de manteiga numa frigideira grande, adicione 50 g de açúcar mascavo e aqueça até o açúcar dissolver, e a manteiga espumar. Corte 4 bananas descascadas ao meio, no sentido do comprimento, e cada pedaço ao meio. Coloque na frigideira e cozinhe em fogo médio, mexendo e virando com cuidado uma ou duas vezes, por 2-3 minutos. Adicione 4 colheres (sopa) de passas e cozinhe por mais 1 minuto. Acrescente 2 colheres (sopa) de rum e flambe. Retire do fogo e deixe as chamas apagarem. Aqueça uma frigideira antiaderente de 23 cm levemente untada e cozinhe a massa em 4 partes, em fogo médio, por 30 segundos-1 minuto de cada lado, até dourar. Recheie as panquecas com as bananas e sirva quente, com sorvete, se preferir.

---

30 Bananas assadas com chocolate e mel Coloque 4 bananas com casca numa assadeira e leve ao forno preaquecido a 200 °C por 20 minutos, até ficarem escuras e bem macias. Retire do forno, faça um corte na casca de cada uma e regue com mel. Salpique com 50 g de chocolate meio amargo picado e sirva com colheradas de creme de leite fresco ou sorvete.

20 Tiramisù rápido com morangos

4-6 porções

150 ml de café forte frio
75 g de açúcar mascavo
4 colheres (sopa) de licor de café
100 g de biscoito champagne cortados ao meio
300 g de creme de baunilha (ver p. 246)
250 g de mascarpone
1 colher (chá) de extrato de baunilha
125 g de chocolate meio amargo picado grosseiramente
125 g de morangos frescos fatiados
cacau em pó para polvilhar

- Coloque o café, o açúcar e o licor numa tigela grande. Mergulhe cuidadosamente os biscoitos na mistura. Coloque-os numa travessa baixa, espremendo todo o excesso de líquido.
- Bata o creme de baunilha com o mascarpone e o extrato de baunilha numa tigela separada e despeje metade da mistura sobre os biscoitos. Coloque metade do chocolate e os morangos.
- Espalhe a mistura de mascarpone restante sobre os morangos, o restante do chocolate e polvilhe cacau. Leve à geladeira até a hora de servir.

10 Tiramisù de creme de licor de creme irlandês Pressione 8 biscoitos champagne no fundo de quatro taças de sobremesa. Derrame por cima café frio suficiente para encharcar os biscoitos. Salpique 1 colher (sopa) de licor de creme irlandês sobre cada taça. Coloque 1 bola de sorvete de licor de creme irlandês por cima e finalize com 1 colher de creme de leite fresco batido ligeiramente e um pouco de chocolate amargo ralado. Sirva imediatamente.

30 Cheesecake ao estilo tiramisù Coloque 200 g de biscoitos amaretti num saco plástico culinário e bata com um rolo de macarrão, até formar migalhas bem finas. Misture com 50 g de manteiga derretida e pressione no fundo de uma fôrma de fundo removível de 18 cm. Leve ao refrigerador por alguns minutos. Dissolva 1 colher (sopa) de café instantâneo em 4 colheres (sopa) de água quente e 2 colheres (sopa) de conhaque numa tigela grande. Mergulhe rapidamente 10 biscoitos champagne na mistura e reserve. Bata 500 g de mascarpone com 40 g de açúcar de confeiteiro e espalhe metade sobre a base resfriada de biscoito. Coloque os biscoitos champagne por cima e espalhe o restante da mistura de mascarpone. Deixe na geladeira para endurecer e polvilhe cacau em pó antes de servir. Sirva acompanhado de frutas vermelhas frescas.

Índice

As páginas em *itálico* referem-se às fotos